一看就懂的公司治理常识

何鹿其——————著

法律出版社 LAW PRESS · CHINA | 北京

图书在版编目（CIP）数据

一看就懂的公司治理常识 / 何鹿其著 . -- 北京 :
法律出版社 , 2023（2024.1 重印）
ISBN 978-7-5197-7355-7

Ⅰ . ①一… Ⅱ . ①何… Ⅲ . ①公司—企业管理—中国
Ⅳ . ① F279.246

中国版本图书馆 CIP 数据核字（2022）第 224001 号

一看就懂的公司治理常识
YI KAN JIU DONG DE GONGSI ZHILI CHANGSHI

何鹿其 著

策划编辑 张 岩
责任编辑 程鹏瑶
装帧设计 汪奇峰

出版发行 法律出版社
编辑统筹 重大项目办公室
责任校对 王 丰 李景美
责任印制 吕亚莉
经 销 新华书店

开本 A5
印张 8.75 **字数** 110 千
版本 2023 年 2 月第 1 版
印次 2024 年 1 月第 2 次印刷
印刷 三河市兴达印务有限公司

地址：北京市丰台区莲花池西里 7 号（100073）
网址：www.lawpress.com.cn
投稿邮箱：info@lawpress.com.cn
举报盗版邮箱：jbwq@lawpress.com.cn

销售电话：010-83938349
客服电话：010-83938350
咨询电话：010-63939796

书号：ISBN 978-7-5197-7355-7
定价：48.00 元
凡购买本社图书，如有印装错误，我社负责退换。电话：010-83938349

前　言

我本科和研究生的专业都是机械工程，参加工作以后的几年里也很少接触法律或公司治理的业务。所以四年前，因为岗位调整开始负责公司治理的工作时，我的压力是非常大的，那时候我连“三会”是什么都不知道，在公司治理领域，我只知道“三不会”：这也不会，那也不会，啥都不会。

怎么办？学呗！咱虽然长得不太端正，但在学习态度这方面还是比较、相当、特别端正的。我当时就想，哪个专家还不是从小白一步步学过来的呢。毕竟咱也是受过高等教育的，难道它还能比利用拉格朗日定理求解函数更难吗？

真正开始学才发现，我当时还是太年轻了。

很多公司治理的书籍都是专业作者写的，每一句话都非常严谨准确，这些书当然都很好、很专业，但是对于我这种新手读者来说就有点不太友好了，经常是一句话四五行不带标点符号的，我得先断个句，找到主谓宾，才可以模糊地理解句子的意思。而且，讲公司治理的书通常都比较厚，动辄五六十万字，读起来真是心力交瘁。

那时候我就想，要是有一本通俗的入门书，先帮我建立一个公司治理的整体框架就好了，但始终没有找到，这也成为我后来写这本书的动机。

一、这是一本给初学者的科普书

我猜这个时候你心里可能会有个疑问：我为什么要看一个“外行人”写的书，而不是直接去看那些专业的著作呢？

专业的著作确实内容很丰富，但它们更适合那些具备一定基础的、想要在公司治理这个领域进行深入研究的朋友。而如果你刚刚接触公司治理，对公司治理到底涉及哪些事项还不太了解，或者不是公司治理方面的从业人员，只是想了解一下公司是如何运作的，公司内部的权责利是如何分配的。那你可以先看一下这一本书，我给你三个理由：

（一）我知道如何从零开始学习

你一定参加过一些专业的学术会议，在这些会议上会充斥着大量的“行话”，就是那些内行人一听就懂，但是外行人完全不知道说什么的缩略语、组合词。这倒不是专家“故弄玄虚”，而是因为他们在这个领域浸润得久了，平常接触的也都是高手，他们就认为一些基本知识应该是所有人都懂的，而说“行话”可以大大提升高手间沟通的效率。有句话叫“知识的诅咒”，指的是一个人一旦掌握了某种知识，就很难想象不知道这种知识的人是一个什么状态。正因如此，专家往往就很难跟新手进行清晰有效的沟通。

而我的优势就在于，在公司治理这个领域，我还是个新手，我知道对于一个“小白读者”来说，哪些是需要进行特别解释和说明的，以及怎么由浅入深地进行学习。

（二）过去四年我一直在学习与输出

过去四年以来，我的本职工作一直没有离开过公司治理，并且在工作一线了解体会到了公司治理的具体内容。也通过亲历一些诉讼案件体会到公司治理中文件协议的威力和流程规范的重要性。同时，我也一直在坚持学习公司治理的理论知识。在过去的时间里，我逐条认真学习了《公司法》的内容，并在我的个人公众号持续输出了 20 多万字的学习笔记。如果你对《公司法》感兴趣，可以在我的个人公众号“何鹿其学公司治理”中回复“公司法”免费获取完整笔记。而过去四年中我对公司治理逻辑和内核的理解，都体现在了你现在看的这本书里。

（三）在怎么把话说明白上有一些心得

在工作之余，我还是一名脱口秀爱好者，曾经给“今晚 80 后脱口秀”节目当过编剧，也偶尔会在线下参加脱口秀的商业演出，经常说得观众频频点头。用另一位脱口秀演员的话说就是“段子虽然不好笑，但是说的很有道理”。

几百次的演出经历虽然没有锻炼出我的幽默技能，但把一件事情跟观众说清楚的能力倒是长进了一些。所以，这本书里所说的内容，我可以保证你全都能看得明白。

二、准确和通俗之间的取舍

“鱼与熊掌不可得兼”是我们很早就知道的大道理，在写这本书的过程中，我在“严谨准确”和“通俗易懂”之间选择了后者。就像这本书的书名写的那样，我希望这是一本任何零基础的朋友都看得懂的公司治理通俗书籍。而这当然会损害表达的准确性。

例如，我在书里把董事和高级管理人员统称为“管理者”，就是一个很粗略的归纳，甚至是不那么准确的归纳。因为在《公司法》中，压根就没有“管理者”这个概念，也没有“总经理”这个概念，《公司法》里只有经理，这与我们实际工作中常听到的叫法是有所区别的。为了便于理解，我在书里把《公司法》中的经理写成日常工作中常用的称呼“总经理”。

又如，按照现行的《公司法》，股东会的表述只适用于拥有多个股东的公司。单股东的公司由唯一股东行使股东会的职权，准确的说法是“有限公司及股份公司股东会、不设股东会的公司的唯一股东拥有以下权利”，但书里为了便于表述和理解，我就统一写作了“股东会拥有以下权利”，而没有作严格的区分。

写这本书的目的，是想跟你分享公司治理的基本逻辑，而我认为一些通俗的解释，并不会阻碍你理解书中想表达的意思。甚至可以说，概念的模糊，可以让你不纠结于具体的名词，反而有助于你的理解。所以，这本书里尽量不说那些专业词语，力求通过轻松的语言，让你看得懂。等到你入了门，可以再去找专业的书籍进行深入的学习。

三、全书框架结构

公司治理是一门关于合作与博弈的学问，涉及不同主体之间权力、责任与利益的安排，每一家公司都有它独特的情况，没有哪一种模式是放之四海都适用的，所以，公司治理所涉及的内容非常丰富，很难在一本10万多字的书中讲全面。

这本书以公司治理所涉及的不同主体为线索，向你展示公司治理的一个全景图，让你对公司治理到底是什么有个完整的了解。全书一共分为六个章节，共36个小节，每一小节的字数都在3000字左右，且内容相对独立。你可以从前往后逐节阅读，也可以根据兴趣随意翻开一节进行阅读，全书整体上形成一个相对完整的知识架构。

第一章，我带你了解公司治理的基本常识，包括公司治理的概念、公司治理和公司管理的区别、公司治理主要解决的两大问题（处理好大股东与小股东的关系和处理好股东与管理者的关系）、一个好的公司治理具备什么样的特征，以及要理解公司治理需要了解的学术理论基础。

第二章，我会告诉你股权架构的一些重要知识，包括股权架构的重要性、股权架构的基本模式、股东如何保持自己对公司的控制权，以及股权设计中常见的误区。

第三章，我会带你理解与股东相关的知识，包括股东的权利有哪些、什么是公司的实际控制人、为什么要关注股东的关联关系、股权转让的一般规定以及股东除名的条件和程序。

第四章，我会带你进入董事与高管的介绍，包括董事长与总经理的关系、董事和高管的评价标准、对董事和高管进行激励和监督的方式、实施股权激励的具体步骤，以及怎么构建一个高质量的董事会。

第五章，我会给你讲讲公司章程的相关内容，包括公司章程的重要性、公司章程的具体内容、如何利用公司章程争取权利，以及公司章程修改的注意事项。

第六章，我会与你分享外部治理的作用，包括外部专业投资机构有哪些权利，为什么有的公司争着抢着要上市、有的公司却号称坚决不上市，“恶意并购”为什么会发生，以及它对于公司治理所产生的影响。

由于自己知识水平和能力有限，我知道书中肯定会有一些错误遗漏的地方，这些错误都归于我自己，也希望你能批评指正，争取将来有机会进行改正。

我也会持续学习公司治理的知识，希望将来有更多的机会能够向你分享我进一步的学习体会。

祝你学习愉快，工作顺利。

何鹿其

2022 年 8 月

目录

Contents

第二章 股权结构 / 057

1 第一章

公司治理常识

第1节

本源

公司治理和公司管理是一回事儿吗

公司治理可以说是现代企业面临的最大挑战之一，不过，在讨论激励相容、委托代理、关联交易这些专业名词之前，我们先得搞明白一个基础的问题——到底什么是公司治理？它与公司管理有什么关系？

提到“治理”这个词儿，一般都是关系顶层规则设计的大事儿，比如国家治理、环境治理、社会治理。它们有几个共同特征，一是格局要大，不能局限在某一方的视角里，而是需要站在更高的全局上考虑问题；二是情况复杂，牵涉多方的利益，如果考虑不周让某一方的利益受损，就可能引发很大的麻烦。

具体到“公司治理”，是公司和所有利益相关者之间，关于权力、责任和利益安排的一套顶层制度设计。一个好的公司治理体系，就是能把各个主体之间的权责利给理清楚。强势的一方不能欺负弱势方，弱势一方也能够牵制强势方，有权力的不能中饱私囊，没权力的也能享受利益，就像行驶中的自行车，能够实现一种动态的稳定。

所以，公司治理，重点在于“理”顺各方之间的关系。

公司管理则不一样，“管理”的重点在于“管”，管理者的目的是让下属“听话”，这里的“听话”不是无条件地服从，而是既要“听得懂”自己的要求，还要能“听得进”工作的安排，通过让下属好好干活来实现既定的目标。管理者需要设置不同的部门，还得让这些部门能配合起来开展工作，合理安排工作计划，保证从设计研发到生产制造再到推广销售的整个过程都能顺利运转。

关于治理与管理的区别，我们可以举一个生活中的场景。在一个家庭里面，谁负责管钱、谁负责投资决策、谁负责孩子教育，意见不一致的时候听谁的，这些属于权利、责任分配的问题，就是家庭治理的范围。而关于投资是买股票还是买基金、孩子要学钢琴还是练武术、去超市买瓜子要原味的还是五香的、参加家长会怎么跟老师沟通及回来怎么跟孩子交流，这些具体的事务决策，就属于家庭管理的范围了。

具体来分析，公司治理和公司管理有以下几个区别。

一、公司治理与公司管理的区别

（一）参与主体不同

你觉得谁是公司治理体系里面最有权力的人？是股东、董事、监事、高管还是公司的甲方、合作者？如果你看一下近些年公司纠纷的诉讼案件就会发现，股东告股东、股东告公司、公司告董事、董事告经理、公司告甲方、甲方告公司的案件比比皆是。在公司治理体系里面，没有谁就一定比谁地位高、权力大，每一个主体都有属于自己的权利和义务。所以，所有的相关方都是参与公司治理的主体，公司运行的规则需要大家一起来制定。

公司管理的主体，就是管理者，公司管理者拥有制定规则的权力，在自己负责的范围内，拥有完全的支配权。

（二）权力的来源不同

作为公司治理的主体，他的权力来源于契约的规定，也就是治理主体签署订立的各种文件。比如股东之间签署的投资协议和订立的公司章程、各种议事规则和经过法律程序签署的授权书等。

这种权力的来源方式，就使公司治理中的权力呈现两个特点。第一个特点是独特性，世界上没有完全一样的两盘红烧肉，世界上也没有完全一样的两套公司治理体系，即使是一个集团公司下属的两家子公司，它们的公司治理体系也不是完全一样。虽然现行的《公司法》① 对于股东会、董事会、经理层各自的权力进行了规定，但是具体到每个公司，哪些权力属于股东会、哪些属于董事会，不同的

① 《中华人民共和国公司法》简称《公司法》，后文出现法律法规时，统一用简称。在本书中我们提到现行《公司法》时，指的是 2023 年 12 月 29 日修订的《公司法》，提到“上一版《公司法》”或“原《公司法》”时，指的是经 2018 年第四次修正的《公司法》。

公司可能完全不一样。

第二个特点是妥协性，不管是股东还是董事、经理，每个人都希望自己的利益最大化、责任和风险最小化，但想要谈成合作，就得有妥协。如果每个人都只得便宜不吃亏，那合作就没法谈，所以大家都得各让一步，想要有权力就得承担义务，想要有利益就得承担风险，而所有的这些约定都要写进契约，只要这个契约不违法，参与者签字盖章之后契约就会生效，就会受到法律的保护。

公司管理的权力则是来源于上级的授权，上级说你有什么权力你就有什么权力。当然你可以去跟上级领导协商，争取在自己负责的工作范围内拥有更多的自主权，但这个权力依然来自上级领导对你的授权。除非你选择离职而不受上级领导的管理，否则你不能否认他对于你的管理权力。

（三）目的不同

公司治理的目的，是构建一个协调运转的体系，在这个体系里面，承担更多义务的人有机会享受到更多的利益，赚到钱的人有意愿去继续努力赚更多的钱，大股东不能侵害小股东的利益，管理者[①]

---

① 严格来说，《公司法》里面是没有管理者这个概念的，而只有董事、经理、高级管理人员。其中，董事是由股东选举产生的，组成董事会的成员，而经理在《公司法》中专指总经理，高级管理人员则指的是公司的经理、副经理、财务负责人、上市公司董事会秘书以及其他在公司章程中明确为高级管理人员的人。由于董事和高级管理人员逻辑上都是受股东的委托代为管理公司的，为了表述方便，在本书中，除非特别说明，我们会把董事和高级管理人员统称为“管理者”。

也不会欺骗股东来谋取私利。所有的参与方都能够承担自己的责任，履行自己的职责。

公司管理的目的，是提高工作效率和质量，多快好省地完成预定的目标。管理者通过实施计划、组织、领导、协调、控制等管理职能，充分调动下属的积极性，实现资源的最优配置，取得最好的工作效果。

（四）具体的内容不同

公司治理的主要工作，是处理好两类人和两件事的关系，两类人就是股东和管理者，两件事就是权力划分与利益分配。从我们日常的工作内容来看，内部治理主要就是我们常听到的“三会一层”（股东会、董事会、监事会、经理层）的相关事务，外部治理则是协调好公司与外部资本市场、合作方、媒体、中介机构、监督机构的关系。

公司管理的内容是管理者及下属人员确定目标以及实现目标的整个过程。包括制定公司的战略目标，协调各个业务部门共同推动目标完成，以及公司企业文化，也就是使命、愿景、价值观的建设等。

如果以上关于公司治理和公司管理的解释你觉得太复杂了，那你可以简单记住一句话：在一个公司里面，经理以上是公司治理，经理以下是公司管理。

二、公司治理与公司管理的联系

以上这些关于公司治理和公司管理的分析，其实是为了便于你理解，刻意做出的区分。实际上，公司的运营涉及方方面面的事务，这些事务往往情况复杂。某一件事情到底属于公司治理的范围，还是公司管理的范围，有时很难分得清楚。在很多时候，公司治理和公司管理是存在交叉与融合的。

（一）公司战略管理

公司的战略管理属于公司治理还是管理呢？按照一般的公司治理体系，战略的制定归董事会管，战略的最终决策归股东会管，但战略的落地实施与过程管控归经理层管。一个好的战略，可能需要很多次的讨论、修改、再讨论、再修改，需要公司全体成员的积极参与，很难分得清哪一部分工作属于公司治理，哪一部分又属于公司管理。

（二）公司内部控制

每个公司都有一套内部控制体系，建设这个体系的目的是实现公司利益最大化。内部控制体系里面既包括股东会对董事会的控制和监督、董事会对经理层的控制和监督，也包括经理层对各个业务部门、各个产业流程的控制和监督。

比如，在一个财务管控体系很完善的公司里，无论你是董事长，还是一个基层职工，想要花公司的钱都需要按照程序办理审批，只有这样才能保证公司的资产是安全的。

（三）人员安排

无论是公司治理的工作，还是公司管理的工作，事情总是需要有人干的。同样一个人在公司里面可能兼任很多不同的职务，比如公司的股东可能同时也是董事，董事可能还兼任经理，而经理可能同时也是公司某个业务的负责人。

俗话说，在其位谋其政，当一个人身兼多个职务的时候，他也就会从不同的角度，代表不同的利益团体考虑问题，在设计公司的治理体系和管理体系的时候，也要考虑这种多重身份所带来的影响。

现在你知道，公司治理和公司管理，绝不是完全割裂的两个体系，而是互相交叉、互相影响，你中有我、我中有你。公司治理是管理的基础，治理机制设计得越好，各相关方的权责利界限越清晰，公司管理就越容易；反过来，公司管理做得好，也可以减少利益相关方的矛盾，从而助力治理体系的良性运行。

第2节

较量

大股东与小股东，谁更靠得住

一家公司的股东人数，可能是一个人，也可能是几千几万人。对于只有一个股东的公司，公司的重大决策都由自己一个人说了算，当然也就不会产生股东纠纷。而对于多股东的公司，哪怕是只有两个股东的公司，每个股东都会有自己的想法，也都有专属于自己的利益追求，就可能会产生纠纷。如何处理股东与股东之间的关系，就是公司治理中的一个重要课题。

权利与义务对等，是设计公司治理体系的一个基本原则，对于股东来说，向公司投入注册资本金就是一项非常基本的，也是非常重要的义务。不同的股东向公司投入资本金的金额不同，所享受的权利也不一样。

为了便于描述，我们把那些投钱比较少的股东称为小股东；把那些投钱比较多的股东称为大股东；把那个投钱投得最多的、能够直接决定或者起码能够影响股东会决定的股东，称为控股股东。

在理想的情况下，公司的大股东和小股东，同样作为公司的投资人和实际所有者，应该是互相配合协作的关系，但是我们毕竟生活在一个现实世界，大股东和小股东之间难免会发生冲突和纠纷，在这些冲突发生的时候，大股东和小股东谁会是那个“更强势”的一方呢？

一、大股东怎么侵害小股东利益

先思考两个问题。

第一个问题：公司的业务是大股东说了算呢还是小股东说了算？

答案是：一般是大股东说了算。

第二个问题：大股东做出一个决定以后，花的是大股东的钱，还是小股东的钱？

答案是：花的是所有股东的钱。

看出问题了没有？

身为大股东，尤其是控股股东，做决策可以自己说了算，但是花的钱里面却有相当一部分是别人的钱。只要控股股东的思想稍微一滑坡，意志稍微不坚定，就很可能做出通过损害小股东利益来满足自身利益的事情来。

市场上公司的数量实在是太多了，免不了就会有思想滑坡的控股股东存在，我们常常能见到这样的例子，控股股东利用自己对公司的控制权，把小股东的钱通过特别的方式装进了自己的腰包里，经济学家还给这种行为起了个专有名字，叫“隧道效应”[①]。就好像是控股股东从公司里面挖了一条隧道，把公司的财产悄悄地偷运了出去。

为了表述方便，我们把这个被“挖隧道”的公司称为目标公司，把控股股东以及控股股东自己的企业统一称为关联企业。控股股东要想把目标公司的钱转移到关联企业，只需要三步：

第一步：圈钱。目标公司通过向股东融资、向银行借款等方式，从公司以外找来很多的资金，存在目标公司的账上。

第二步：“挖隧道”。控股股东设计一个可以把钱转到关联企业的方案。

第三步：把钱转到关联企业。这里面最关键的一步，就是“挖隧道”，在寻找转钱通道这个事情上，控股股东是既有动力又有创意，方式也是五花八门，这里简单介绍两种最常见的方式。

（一）不公平的关联交易

关联交易，就是目标公司与公司的控股股东，以及与公司存在利益关联的其他相关方之间开展的交易。因为交易双方存在利益关联，所以就很容易发生利益输送。对于那些为公司着想的人来说，这是一个公司治理中的风险，但是对于有意使坏的控股股东来说，这就是一个输送利益的机会。在控股股东的安排下，目标公司会与

① 关于隧道效应，在物理学上和心理学上分别有不同的释义，我们这里说的是经济学上的释义。

关联企业签署一系列的合作合同，这些合同通常都有一个共同的特征：凡是目标公司从关联企业买进来的东西，价格就特别贵；凡是目标公司卖给关联企业的东西，价格就特别便宜。

当然，一台电脑市场上明码标价 5000 元一台，关联公司非得要 5 万元卖给目标公司，这个实在说不过去。为了不让坏事做得太明显，交易的内容一般都是不容易评估价格的东西，比如服务。

关联企业给目标公司提供战略咨询服务，这个服务定价多少，就取决于控股股东的胆子有多大。毕竟，战略咨询这个事情，既没有收费标准，也不容易评估服务的效果有没有实现。

通过关联交易把目标公司的资产转移到关联企业，这种方式其实已经是够直接了，还有更直接的，就是目标公司和关联企业之间直接进行资金往来。

（二）资金往来

关联交易毕竟还得一个合同一个合同地签，价格也不能高得太离谱，控股股东本着“人有多大胆，地有多大产”的工作原则，索性就更直接点，也别让中间商赚差价了，目标公司直接把钱借给关联企业，或者替关联企业偿还外面的欠款。

不出意外的是，这个借钱的关联企业过不了多久就会出意外，要么是经营陷入困境，要么是资金链发生断裂，总之就是一个结果：这个钱，关联企业还不上了。目标公司借出去的钱，就再也没回来。

但是，这种做法有一个弊端，就是太容易被发现了，只要一查账就全都一清二楚，审计起来控股股东也不好交代。

于是，控股股东又想出一招，关联企业不是直接向目标公司借钱，而是转向银行借款，再由目标公司提供抵押或者担保。抵押和担保在财务账上是看不出来的。在银行贷款到期之前，目标公司的小股东甚至都不知道这个担保的存在。

直到有一天，贷款到期，银行收不回钱，再去找目标公司要的时候，小股东才会发现在很早以前就被大股东给坑了。

二、小股东怎么给大股东“制造麻烦”

大股东侵害小股东利益，靠的是自己对公司的控制权。小股东要想给大股东“制造麻烦”靠什么呢？简单来说就是五个字：什么都不干。具体操作起来有以下两种方式。

（一）“搭便车”

假如有一家公司一共有五个股东，其中一个股东持股 60%，另外四个股东每一个持股 10%，现在公司经营遇到了困难，需要有人出去协调上游供应商的关系，去安抚下游客户的情绪，需要去政府各个部门办理各项手续。假设做这些事情需要额外付出 40 元的成本，但是公司最终可以获得 100 元的利益。你说这五个股东，谁会比较着急，愿意去积极努力呢？

关于这个问题，有一个专门的思维模型叫“智猪博弈”。有一个很长的猪圈，猪圈的一头有一个踏板，另一头有一个食槽。踏下踏板，食槽那边就会掉下来一些食物。这个猪圈中生活着两只猪，一只大猪，一只小猪。当一只猪跑去踩踏板，另一只猪就有机会抢先吃到食槽里掉下来的食物。在这种情况下，你觉得哪只猪会跑去踩那个踏板呢？

如果大猪和小猪商量好一起去踩踏板，然后一起肩并肩跑过来共享食物，当然是美好的结果。

如果大猪小猪都不去踩踏板，两只猪都要挨饿。

如果大猪去踩，小猪不去踩，小猪可以先吃到食物，但是因为小猪饭量小，掉下来的食物它吃不完，所以大猪也有一半的食物吃。

如果小猪去踩，大猪不去踩，大猪会把食物全吃光，小猪吃不到食物。

所以，对于小猪来讲，花精力去踩踏板结果却是挨饿，那么它理性的选择就是不去踩踏板，以节省能量。而对于大猪来说，它不去踩踏板没饭吃，而踩了踏板就一定有饭吃，虽然自己踩踏板掉下来的食物会被小猪吃掉一部分，但有吃的总比挨饿强。最终博弈的结果就是大猪去踩踏板，小猪躺在食槽边等着吃。

回到公司的问题，对于控股股东来说，要是公司倒闭了，之前的投资就全部打水漂了，现在哪怕其他股东谁都不出力，自己付出 40 元的成本，最终公司的收益里面，自己还可以分回 60 元，综合计算还可以赚 20 元钱（这里只是简略计算，假设收益按照持股比例来进行分配）。当然有动力去积极努力。

对于那四个小股东来说，当然也不愿意公司破产，但是一想想，如果自己付出 40 元，最终却只能分回 10 元，当然就不会去做这个“亏本买卖”了。你可能会想，既然收益是所有股东共享的，那为什么不共同出力去分配成本呢？你能这么想，说明你是一个非常有良心的合作者。但是如果光从收益的角度上分析，作为小股东，他是知道控股股东的成本和收益的，他相信即使自己什么都不做，控股股东最终也会愿意自己承受 40 元的全部成本，这样小股东就可以一分钱不出而享受 10 元的收益了。

所以你会看到市场上有很多公司的大小事情全都是控股股东在负责，包括监督管理者好好干活儿，出去为公司争取更多的项目，协调政府、供应商、客户等相关方的关系，那可真是披星戴月、勤勤恳恳。而小股东在干吗呢？没错，就是什么也不干。等到公司经营好了，赚了钱，这个时候小股东就出来了，要求按照持股比例来分配利益，这个要求当然不过分，因为享受投资收益是每一个股东的合法正当权益，这种现象，就是小股东“搭便车”。

（二）不合作

在有限公司股东会层面，要想通过一些重大的决议，比如像增加或者减少注册资本，合并、分立、解散或变更公司形式，都需要持三分之二以上表决权的股东同意。如果一个股东或者几个股东合起来的持股比例超过了三分之一，那他们就拥有了公司重大事项的“一票否决权”。对于一些特别的事项，比如有限公司在不设置审计委员会的情况下，要想不设监事会，也不设监事，就需要“经全体股东一致同意”。又比如有限公司股东减资，如果要想实现股东之间不同比例减资，需要“有限责任公司全体股东另有约定”。也就是说，对于这些特别事项，任何一个股东，不管持股比例大小，都有“一票否决权”。如果公司讨论这些事项的时候，小股东不来参会，或者投了反对票，那这个决定它就通不过，事情就办不成。更夸张的是，有一些小股东还专门跟大股东对着干，不管大股东提什么议题，他就是三个字“不同意”。

这些“捣乱”的小股东，他们的宗旨就是，我说什么事情要干，那不一定能行，但是我说什么事情不能干，那这个事儿就一定不行。很多真实发生的案例，就是因为公司里面的小股东不配合，公司什么事情都干不成，最后没办法，公司只好解散了事。

第3节

委托

股东与管理者，谁辜负了谁

学习公司治理，最先接触的可能就是关于“三会一层”的内容，也就是股东会、董事会、监事会和经理层。可实际上，“三会一层”的体系，是近些年才刚刚流行的，是属于大公司才有资格享有的治理模式。

对于一个刚刚设立的创业公司，公司算上股东一共也没几个人。虽然按照规定也会有“三会一层”的设置，但那个主要是为了满足监管的需要。公司里实际上就有两类人，一类是股东，另一类是职工。公司上上下下的事情都由股东自己直接管理，从财务到业务，股东是最了解情况的人，这个时候，股东同时也是公司管理者，当然就不存在股东与管理者的矛盾了。

但是一个运行良好的公司总会慢慢长大，随着业务不断发展，公司的人员会越来越多，规模会越做越大，公司引入的其他股东也会越来越多，股东自己来管理公司就行不通了，需要引入专业的管理者，而因为外部管理者的加入，股东和管理者之间的冲突也就多了起来。

一、股东为什么请管理者替自己管理公司

股东自己不管理公司，而是请一些专业的管理团队来替自己管理公司，只有在做出重大决策的时候，股东才出面处理。出现这种情况，无外乎两种原因，一种是股东管不了，另一种是股东不想管。

(一)没有管理能力

很多人会幻想自己有一天突然成为“霸道总裁”,觉得当一家公司的领导风光无限,可事实是,如果自己没有过硬的本事,真要把你放在那个位置上,可能过不了几天就会感叹:还是当一个普通员工更轻松。

当一家企业的领导者,尤其是发展到一定规模的企业的领导者,既要有对产业和技术的洞察力,又要有一定的财务与管理的能力,还要有很强的抗压能力。任何一个行业都面临着无数的竞争者,一家企业的管理者不仅要跟昨天的自己竞争,还要跟公司内部的其他管理者竞争,更要与市场上千千万万个其他企业的领导者竞争,所以说优秀的管理者是万里挑一的人才一点儿都不为过。

但是有这样能力的人,很可能没有资金用来投资企业,而拥有资金的人,很可能不具备这样管理企业的能力。两类人的需求正好与对方的资源相匹配,于是投资人找到管理者来帮自己管理公司这个事情就水到渠成了。

(二)没有管理意愿

除了能力之外,拥有公司所有权的人(股东)很可能对管理公司这件事情根本没兴趣。典型的一种情况,就是那些从自己的父辈手里继承股权的“创二代”。比如父辈做的是服装、皮革的传统生意,但是下一代却喜欢电子、互联网一类的新兴产业。他们也不是没有管理能力，只是对自己公司所从事的行业没兴趣。

还有一类“创二代”，他们不是对公司的行业没兴趣，而是压根就对管理公司没兴趣。在他们眼里，眼前的生意远没有追求诗和远方更重要。这个时候，他们也非常愿意找一些专业的管理者来替他们管理公司。

二、股东与管理者产生矛盾的原因

股东委托管理者代替自己管理公司，怎么让管理者尽心尽力为股东服务，是除上一节我们谈到的股东之间的矛盾以外，公司治理中又一个很难解决的大问题，也就是通常说的“委托代理难题”。而造成股东与管理者之间矛盾的根本原因主要有两点，一是利益不一致，二是信息不对称。

（一）利益不一致

诺贝尔经济学奖获得者弗里德曼曾说：“没有人会像花自己的钱一样，精打细算地花别人的钱；没有人像使用自己的资源一样，小心谨慎使用别人的资源。”

管理者经营公司，公司赚钱了是股东受益，公司赔钱了是股东受损失，自己做事别人担，股东和管理者在利益上天生就存在矛盾。

站在公司股东的角度看，当然是公司利润、分红和估值越高越好，而开支则是越小越好。而站在公司管理者的角度看，他们也希望公司的利润能高一些，毕竟这也是自己能力的体现，但是与这些名誉比起来，他们更想要的是实实在在拿到手的利益，比如更高的薪酬、更豪华的办公室和公务车，以及更多的公务消费，哪怕这些会增加公司的成本，减少公司的利润和股东的回报。

慢慢地，股东对管理者就有意见了：我这么信任你，给你资源，给你机会，给你权力，还给你这么高的工资，而你却总想着自己消费，摆阔气，摆排场，你看看人家隔壁公司，公务消费比你低，公司绩效还那么好，你真是辜负了我对你的期望。

管理者对股东也有意见：我为了公司投入了这么多的心血，为股东创造了这么多的利润，却只给我发这么一点工资，收入和成绩完全不成正比。那些职务消费，不也是为了展示公司的形象，为了多争取项目落地吗？竟然这么不信任我，真是辜负了我的辛劳付出。

（二）信息不对称

你可能会想，虽然股东和管理者的利益不一致，但是毕竟管理者是股东选出来的，如果管理者没有达到股东的要求，股东完全可以把管理者换掉啊。

问题是，管理者有没有尽心尽责地为股东着想，这种事情往往很难说清楚，因为股东和管理者之间存在很大的信息不对称。

信息不对称，意思是参与各方对信息的了解程度不一样，掌握信息比较充分的一方，在交易中就处于更有利的地位。我们平常说

“买的没有卖的精”，就是因为卖东西的一方，对商品的信息了解得比购买的一方更多。所以，了解信息少的买方，在与卖方的交易中就处于不利的地位。

在公司里面也是一样，股东对于公司实际情况的了解跟管理者比起来是非常少的。产生这种现象基于三个原因：第一个原因是股东掌握的信息少。公司经营的信息是非常繁杂的，数据量相当大，一般情况下股东只能通过少数几次的股东会会议以及财务会计报告等材料来了解公司的经营情况，而这些数据都是经过提炼总结的，甚至是调整美化的，仅仅通过这些很难完整地了解公司的经营情况。第二个原因是专业要求高。对于财务会计报告这些材料，如果不是专业的人员很难从其中看出问题来，并不是所有的股东都具备财务、产业及法律方面的专业能力，而且也没有多少股东愿意投入大量的精力去研究公司的这些报告。第三个原因是管理者故意阻挠。管理者出于自身利益的保护，本身没有动力去向股东传递那些真实的公司基础信息，即使是必须要向股东传递的信息，管理者也可以对数据作出调节，这个调节不一定就是违法的，就是在合法合规的情况下，通过调整会计的计算方法，也可以在很大程度上改变经营指标的结果。

三、两种极端的相处方式

面对股东与管理者之间的冲突，不同的股东可能采取完全不同的处理方式，在极端的情况下，要么股东手伸得太长，直接架空管理者，要么是股东完全放任不管，由管理者实际控制公司，而大部分公司的情况是介于两者之间。

（一）股东架空管理者

在公司存在单一控股股东的情况下，控股股东非常有“主人翁意识”，把公司的事情当作自己的事情来办，时时盯着公司，去了解公司的实际经营情况，当发现公司的管理者有损害公司利益，或者隐瞒公司实际经营情况的问题时，就更愿意直接去参与公司的管理。

而这个时候的管理者，便成了控股股东的执行部门，大小事务都要请示控股股东后决定，按照控股股东的意见去执行，不会主动积极地去思考公司的变革，管理者实质上被控股股东架空，管理者的作用也很难发挥出来。

（二）管理者控制公司

在不存在控股股东的公司，股东参与公司管理的积极性一般比较低。站在单个股东的角度，自己持有公司的股权比较少，如果自己投入太多，哪怕公司多盈利了，自己能够分到的利益也不多，而且在股权比例比较低的情况下，自己即使有什么意见，如果其他股东不支持也没用，管理者也不会听。

在这种情况下，公司的管理者实际控制了公司的经营，虽然按照公司治理体系的要求，重要的事情还是会提交股东会进行决策，但由于股权分散，股东会会议往往流于形式，实际上公司是由管理者说了算。

在管理者控制公司的情况下，管理者缺少股东的监督和威慑，就更容易把自己的利益放在第一位，利用手中的权力为自己谋取私利。

四、解决股东与管理者矛盾的方式

一个好的公司治理体系，就是要建立一个相对完善的制度，来尽量解决股东与管理者之间的冲突，所使用的方法主要有两种：一种是减少信息不对称，做好对管理者的监督与管控；另一种是统一利益，用股权激励或长期激励性报酬的方式对经理人进行有效激励。具体的操作方法，我们在后面的章节中会进行详细的阐述。

第4节

类型

要设立有限公司还是股份公司

每一个生活在现代社会的人，都离不开公司。我们在公司里工作，依赖公司发的工资来维持生活。即使是那些自由工作者，虽然不是任何一家公司的职工，但是他平常用的生活用品也还是其他公司生产出的产品。

但是你真的知道什么是公司吗？你知道公司分为哪几种类型吗？

一、什么是公司

老王在小区的门口开了一家“老王便利店”，老王是开公司了吗？老刘跟别人合伙成立了一家“北京某某律师事务所”，这个事务所是公司吗？你可能觉得这个很容易判断，这两个都不是公司，那你再辨认一下以下单位是否为公司：中国电影集团公司、中国机床总公司、阿里巴巴（中国）网络技术有限公司、苏宁易购集团股份有限公司。

在公布答案之前，先分享一个辨别公司的简单方法，只需要两步。第一步，看一下单位名称里面有没有“公司”两个字，如果没有，那就肯定不是公司。第二步，如果名称里有“公司”两个字，再看一下有没有“有限责任”（可简化为“有限”）或者“股份有限”（可简化为“股份”）这两个词，有其中一个的就是公司，没有的就不是公司。所以，在上面的例子里面，只有阿里巴巴（中国）网络技术有限公司和苏宁易购集团股份有限公司是公司，其他的都不是公司。

公司设立和运行，需要遵循的最重要的一部法律是《公司法》，而对于公司以外的其他组织类型，由于不是公司，也就不适用《公司法》的规定。当然，它们也不是没人管，而是有自己适用的法律法规，比如个体工商户适用《促进个体工商户发展条例》，个人独资企业适用《个人独资企业法》，合伙企业适用《合伙企业法》(2006 年修订)。

二、公司名称里的"有限"是什么意思

按照《公司法》，中国境内的公司只有两种类型，一种是"有限责任公司"，另一种是"股份有限公司"，你应该注意到了，两种类型的公司有一个共同特征，即它们都是"有限公司"。这个"有限"指的是股东的"责任有限"，不管公司最后亏了多少钱，股东的损失最多就是他的出资额，哪怕公司的全部财产都不够赔债权人的，股东也不需要再补齐欠款。"有限责任"是公司最为基础也最为重要的一个特征。

1911 年，哥伦比亚大学的时任校长，法学家巴特勒评价说："有限公司是近代历史上最伟大的发明，没有它的话，蒸汽机和电力的重要性也会大打折扣。"

为什么"有限责任"有这么大的威力呢？毫不夸张地说，就是因为有了"有限责任"的制度，才有了我们今天遍地开花的各种公司和

繁荣的市场经济。

第一，“有限责任”让投资者能放心把钱投给公司。想象一下，一家公司可能会欠债主多少钱，这个是投资者事前没有办法预估的，如果股东需要对公司的欠款承担无限责任，意味着投资公司的风险将是无限大的，哪怕一开始只投了10元钱，最后也可能会因为还公司的欠款而还到自己破产，那投资者投资之前就需要非常谨慎，除非对于公司的业务以及公司原来的股东、管理者非常了解，否则是不会放心地给公司投资的。而有限责任制度下，投资者的损失最多也就是投出去的钱全亏本，而投资可能获得的收益则是无限大的，因此投资者才愿意把钱投给公司，公司通过社会来筹集大量资本才成为可能。

第二，有限责任制度可以为管理者提供自由空间。我们在上一节说到了股东与管理者之间的矛盾。如果股东要对投资承担无限责任，他是不会放心地把公司交给其他人来管理的。正是因为股东对自己所要承担的责任有明确的预期，他才敢于也愿意放手让管理者去替自己管理公司。想想我们身边是不是也有很多人买了一家公司的股票，却从来没有真正关心过公司是怎么管理的，这就是因为损失的风险是相对可控的。

第三，有限责任制度让风险投资成为可能。正是因为投资的最大风险是确定的，风险投资人才可以将资金投入不同的行业和不同的公司，也愿意去投资一些风险比较大的项目，从而推动创业市场的兴起。

三、有限责任公司和股份有限公司有什么区别

股东有限责任是有限责任公司和股份有限公司的共同特征，那这两种不同类型的公司有什么样的区别呢？

（一）设立基础不同

有限责任公司更加注重“人合性”，而股份有限公司更加注重“资合性”。

所谓“人合性”，通俗地说就是“认钱也认人”，我和你一起合作设立一家公司，不仅仅是看上你的钱，更重要的是看上你这个人，想要和你一起做事。股东之间只有“道相同”，才能“相与谋”，所以，有限责任公司的股东数不能太多，按照现行《公司法》的规定，不能超过50人。

所谓“资合性”，就是“认钱不认人”，只要你有钱，就可以成为股东，股东的最高人数也比有限责任公司的人数要多，参与公司设立的人可以达到200人，如果是上市公司，股东人数可以达到几千人、几万人。

“人合”还是“资合”是有限责任公司和股份有限公司最重要、最核心的区别，关于两种类型公司的其他区别，都可以从这个基础特性上去理解。

（二）股权[①]转让方式不同

有限责任公司股东所持有的股权，是不能随便转让给公司以外的其他人的，当初大家商量一起成立公司，是看中了他这个人，如果股权可以随意转让，而其他股东不喜欢新的投资者，那公司的“人合性”就不能保证了，所以有限责任公司的股东想要转让股权，如果是转给公司现有股东以外的人，在相同条件下，原股东有优先购买权，以尽量保证股东之间的良好关系。

而对于股份有限公司来说，反正是认钱不认人，甲的钱和乙的钱，那都是钱，没什么高下之分，就像《潜伏》里面那句著名的台词——“现在两根金条放在这儿，你能告诉我哪一根是高尚的，哪一根是龌龊的”。所以，股份有限公司的股东可以随意转让自己持有的股份，不需要征得其他股东的同意。你想，上市公司那么多股东，如果股民在转让股票之前还需要征得其他股民的同意，这个股票也就没办法转出去了。对于股份公司的股份转让，新《公司法》给予公司一定的自治权，公司章程中可以对股份转让自行规定限制条款。但总体上看，较之于有限公司的股份转让，股份公司的股份转让灵活性还是很大的。

---

① 按照《公司法》的规定，有限责任公司股东所持有的称“股权”，而股份有限公司股东所持有的称“股份”，这里为了便于表述，统一称为“股权”。

（三）股东知情权不同

知情权，就是股东拥有了解公司经营情况的权利。有限责任公司和股份有限公司的股东都有知情权，新《公司法》对股份公司股东的知情权的保障力度有了很大的提升，由于两种类型公司股东之间的关系不同，在知情权的范围上有很大的区别。

对于有限责任公司来说，股东之间的关系比较亲近，那股东的知情权范围就相应大一些，尤其是对于公司的财务信息，有限责任公司的任何一个股东可以查看财务会计报告，也可以要求查阅会计账簿等更详细的财务基础材料。

但是对于股份有限公司，谁成为公司的股东，其他股东是不能选择的，如果股东的知情权范围太大，很可能会造成内部信息泄露，干扰公司的正常发展，所以对于股份有限公司的股东，其知情权范围，尤其是财务方面的知情权范围就限制得比较严格，只有连续一百八十日以上单独或者合计持股百分之三以上的股东，才可以要求查阅公司的会计账簿和会计凭证，且必须履行严格的法定程序。不满足条件的股东是不能查看财务账簿、财务凭证等内部资料的。

（四）表决权计算基数不同

有限责任公司股东会表决权的基数是所有股东持有的表决权总数，来不来参会都算数。而股份有限公司股东会表决权的基数是出席股东会的股东所持表决权的总数，不来参会就不算在基数里面了。

举个例子，对于公司增资、合并、分立、解散这些议题，是需要代表三分之二以上表决权的股东同意才可以通过的。假如你持有一家公司三分之一的股权，对于有限责任公司来说，如果你不去参加股东会，那这些议题就无法通过。但对于股份有限公司来说，如果你不去参会，你就被直接从分母的基数里面除掉了，只要参会的股东里面，同意的股东表决权占到参加会议的所有股东表决权三分之二以上，这个议题就可以通过。

这时候你就知道，作为上市公司的股东，你不去参加股东会，它的议题照样能通过，哪怕你持有的股权比例非常高。因为你不去投票，那你就不在计算通过率的分母里面，也就不会影响议题的通过率了。

四、如果想创业，应该设立什么类型的公司

对于创业公司来说，是选择设立有限责任公司好呢？还是设立股份有限公司好呢？这个没有唯一正确的答案，而是要根据投资人的需求来确定。

如果股东之间想要保持良好的合作关系，保证股东会的稳定性和内部性，那可以选择设立有限责任公司。如果股东更加注重股权的流动性，保证将来退出时的便利，可以选择设立股份有限公司。

不过，公司的两种类型是可以互相转换的，只要满足另一种类型的公司设立条件，就可以去公司登记机关申请将公司类型进行变更。如果你的公司想要实现上市，则公司的形式只能是股份有限公司。

第5节

挑战

怎么构建好的公司治理体系

不管是大股东和小股东之间的问题，还是股东与管理者之间的问题，说到底都是人和人之间的问题。

人和人合作，有两大难题。

第一大难题是既不能共苦，也难以同甘。干活的时候，总觉得自己比别人干得多，等到分钱的时候，又总觉得自己比别人分得少。相比起来，同甘比共苦更难，有多少公司是创业的时候合伙人一起吃苦没问题，可等到公司赚钱了却因为利益分配不满意而散伙。

第二大难题是元老不能放下过去。明明自己的能力和资源已经跟不上公司发展的需求了，但是老觉得自己在公司创业期功劳很大，觉得公司亏欠自己，不愿意离开现在的岗位，不愿意放弃现在的收益。

好的公司治理体系，就是要用制度来解决这两个问题。

一、好的公司治理体系的制定原则

我们学习物理的时候，经常会用到的一个方法，就是条件假设，假设空气没有阻力，假设平面是绝对光滑的，在这个基础上推导出物理定律，再用物理定律来解决实际问题。

制度的建设也是一样，也需要有一些基础假设。你觉得，公司治理体系制定的基础假设是“人性本善”还是“人性本恶”呢？

（一）针对最坏的人来制定制度

甲乙两个人签订一份购销合同，除了约定质量、价格、交货日期这些跟物品相关的内容外，还会约定“罚则”，如果卖方没有按时交货，如果卖方的产品质量不合格，如果买方没有按时交钱等，应该怎么赔偿对方。

一份合同里写这些内容，你可能觉得挺正常，毕竟买卖交易的双方可能根本不认识。但是两个人合伙开公司，还没赚钱之前就先谈将来怎么分钱，谈意见不一致的时候需要听谁的，甚至谈将来散伙的时候资产怎么分配，很多人就意在心头口难开了。

可是，对问题避而不谈不代表它就不存在，现在没问题也不代表将来没问题。等到有一天冲突真的发生了，才发现根本没有可以用来解决问题的规则，谁也说服不了谁，粗犷一些的直接动起手来，文明一些的也会向法院起诉。不仅生意做不好，好友也变成了仇人，这时候才悔不当初，念叨出那句“不该跟好朋友一起开公司”。

有人可能会觉得，这种情况在我身上不可能发生，我们几个合伙人都是十几年知根知底的老朋友，有什么事情都可以好好商量。但很多时候，冲突的发生不是关系好不好的问题，而是因为人性本来就是复杂多变的。

小说《水界》中讲过这么一个故事，有一个村庄叫马泉村，村里修了一个大坝，大坝建成后连续几年干旱无雨，村民就想，要不就在大坝底种上庄稼吧。这个做法是有风险的，如果今年雨水少，靠着坝底的湿气，村民可以有很好的收成，但是如果今年雨水多，大坝里的水涨起来，种的庄稼将颗粒无收。所有的村民都在犹豫，又想要有好的收入，又不想冒这个风险。

这时候，村主任提出了一个方案，村民自己去河床上种地，如果今年雨水多，庄稼都淹了，村主任愿意自己出钱给所有村民赔偿种子的钱。但是如果今年雨水依然少，村民丰收了，需要将自己所收粮食的四成免费交给村主任。

村民很高兴地与村主任达成了交易。对于村民来说，在河床上种地，几乎没有风险（投入的劳动力不算的话），但是收入却非常可观。对于村主任来说，这就是一笔风险投资，毕竟自己抗风险的能力比较高，即使庄稼淹了，那点种子的钱也还赔得起，如果雨水少，自己就可以获得丰厚的回报。而且身为村主任，让村民的日子过得好一些，哪怕是让村民日子有点盼头也是自己的责任与担当。

结果，这一年确实雨水很少，村民获得了大丰收。可是这个时候，村民的想法就不一样了，村主任什么都没有做，一点投资都没有，却要白白地分走自己辛辛苦苦得到的四成收入，太不合理了，都不想把粮食给村主任。

你说这些村民是坏人吗？同样是这一群村民，如果他们遇到了街上挨饿的乞儿，遇到邻居生活遇到了困难，是很愿意伸出手去帮助他们的。

这就是人性的复杂，你很难简单地把一个人分成好人和坏人。在利益面前，人们可能会变得短视，可能会变得见利忘义，在巨大的利益面前，人们甚至可能会失去理智与人性。

好的公司治理体系，要考虑到人性的复杂，针对最坏的人和最坏的行为来制定规则，设计制度的时候，把人想成坏人，想象出坏人可能干出什么坏事来，然后针对每一个坏的行为，制定好做坏事会受到的处罚，让人不敢去做坏事，反而更有可能让合作走得更远。

（二）要对未来可能会发生的冲突有预见性

公司治理体系要有助于解决公司运行过程中产生的各种冲突，就需要针对可能出现的问题，提前制定相应的解决方案，需要公司治理体系的制定者，要对未来可能发生的冲突有预见性。这就要求治理体系的制定者，对公司运行的过程非常熟悉，对人性的理解非常透彻，能够预见到可能产生的问题，还能找到解决问题的方法。

这些可能发生的冲突类型，不仅会涉及公司从设立之前的准备到公司解散注销的整个流程，也会涉及公司的股东、董事、监事、经理等公司内部人员，以及公司的债权人、客户、供应商等公司外部人员。

（三）要把理念融入具体的制度中

公司治理的过程中，所有做坏事的人，都得到了应有的惩罚，这个公司治理体系算不算是一个好的体系呢？

《孙子兵法》中有这样一句话，“百战百胜，非善之善者也，不战而屈人之兵，善之善者也”。让挪用公款的管理者赔钱、坐牢，即使钱最后能追得回来，公司的名誉、形象，公司上上下下职工的士气，依然会受到很大的伤害。更何况，很多情况下，公司受到的经济损失很难完全得到赔偿。

好的公司治理体系，不是让每一个犯错的人都得到应有的惩罚，而是让人没有犯错的机会，这就要求规则的制定者，要把治理的理念落实到具体的制度中去。

比如针对挪用公款的行为，事后惩罚效果就不如在事前加强管控，公司要把财务管控的要求落实到具体的流程中，即使是管理者花钱也需要经过审批，在没有审批之前，任何人都不能完成资金支付。

那一个好的公司治理体系都包括哪些方面的内容呢？最起码要包括规范底层权力框架的股权架构、让人不敢做坏事的监督体系和促使人愿意主动做好事的激励体系。

二、股权架构：权力的基础

公司的最高权力机构是公司的股东会，所有重大的事项，最终都需要由股东会来做出决策，而股东会能不能高效地做出正确的决策，则取决于公司的股权架构。

股权架构设计得好，公司不一定就能发展得很好；但反过来，如果公司的股权架构没有设计好，公司迟早会出问题，而且是很难协调解决的大问题，很可能直接决定公司是生存还是毁灭。

清华大学的宁向东教授说："股权结构和治理机制的设计，在企业创建之初，是头等大事。某种意义上，它比商业模式、初始客户的获得更加重要。"

股权架构，从根本上决定了公司股东之间的权力关系，决定了公司的各种制度能不能发挥作用，是讨论其他问题的基础。那什么样的架构才是好的股权架构呢？

每一家公司都有自己独特的背景和利益关系，很难说哪一种具体的股权结构对公司来说就是最好的。但一个好的股权架构通常具备两个基本的特征，一是要有一个老大说了算，公司的主导者要有控制权，在发生冲突的时候，主导者要有决定方向的权力；二是小股东的利益要有保障，要有利益平衡的机制，不能让大股东想怎么干就怎么干。具体的股权设计方法，我们会在第二章进行详细的分析。

三、监督体系：让人不敢做坏事

好的公司治理体系是让人不做坏事，要让所有人明白，只要做了坏事，就会受到相应的处罚，要实现这个效果就要靠监督体系。没有监督体系的制度，就是落不了地的空制度，是很难保证所有人去遵守的。

公司治理中的监督工作靠谁来完成呢？你可能会觉得是靠“监事会”，他们不就是专门来做监督的吗？但实际中，中国公司的监事会所起到的作用非常有限，新《公司法》已经允许公司在符合一定的条件时不设监事会。公司治理体系是一个包含多种制衡机制的体系，不同的主体之间是互相牵制的，每一个机构在一定程度上都会对其他的机构形成监督。

比如，股东会要监督董事会，董事会要监督股东，也要监督经理，经理层也要监督股东和董事，监事会要监督董事和经理。在董事会里面，还有独立董事，要监督其他的董事、股东和经理，而这一切监督有效的前提，就是要规范各个主体的权责定位，这个我们在后面的章节中也会具体阐述。

四、激励体系：让人想要做好事

一个好的公司治理体系，不能仅仅靠监督体系，甚至说不能主要靠监督体系，公司里的人不做坏事，最多能保证公司不往坏的方向发展，而要想让公司朝好的方向发展，做出更好的业绩，就得让管理者真心诚意地为公司做好事，这就需要制定合理的激励体系。

举个例子，一家饭店经营业绩的好坏与厨师的表现是关系密切的，怎么样激励厨师好好工作？

如果饭店给厨师支付的是固定工资，干一天就有一天的钱，对于厨师来说，拿到的工资是固定的，干的活越少，相当于付出的成本越少，相对的收益就越大。那他肯定能偷懒就偷懒，能应付就应付，这个时候，要想让厨师好好干活，就需要对他好好监督，安装摄像头、设置定时器、要求早请示晚汇报等，能想到的监督方法都用上。

如果饭店给厨师支付的工资，与顾客对于饭菜的评价挂钩，厨师为了赢得好评价，让自己多拿钱，就会努力地把菜的口味做好，但是为了提升口味，他可能会浪费食材，可能会减慢做菜的速度。

如果饭店给厨师分取公司利润的权利，把每个月净利润的一部分拿来奖励厨师，那厨师就不仅仅会关注饭的口味，还会关心怎么能省点材料，怎么能多招揽点顾客，甚至会帮着拉客户来多充值，只有公司利润多了，他自己的收益才会更多。

可见，激励机制的不同，会极大地改变人做事的动机和效率，当公司的激励效果比较好的时候，监督的工作就会非常省力。

这一节，我们说了好的公司治理体系的几个要素，公司治理体系没有最好，只有最合适，不存在一个公司治理体系是放之四海最优的，即使是对于同一个公司，处在不同的发展阶段，所适合的公司治理体系也不一样，初创企业和上市公司，肯定需要配置完全不同的公司治理体系，而只有我们掌握了公司治理设计的基础逻辑，才可以根据实际情况来随时调整治理结构，让公司治理更加有效。

第 6 节

理论

理解公司治理的学术基础

与学习物理、数学这些理论基础比起来，人们当然更喜欢听故事，不过，就算是听故事，有理论知识的人，也能从中得到比别人更多的信息。为了能让你更好地看懂公司治理这个“大故事”，这一节我们来介绍几个与公司治理相关的理论基础，它们对于我们理解公司治理制度的内在逻辑是非常必要的。请你放心，虽然是介绍理论，但是这里没有复杂的公式，我们会尽量用直白的话把理论背后的逻辑说清楚。

一、博弈论

博弈论，是研究互动决策的学问。所谓互动决策，就是你的决策会受到对方决策的影响，比如“石头剪刀布”这款游戏，你能不能赢，不仅仅取决于自己出的是啥，还取决于对方出的是啥。你会猜对方下一次会出啥，对方也会猜你下一次会出啥，你会猜对方会猜你下次会出啥……这就叫博弈。

我们有时候评价别人，说这个人“做事不过脑子”，很大程度上说的就是他缺少博弈的思维，光想着自己要怎么做，却没有想到这样做会给别人带来什么样的后果，别人会怎么回应他的行为。

要想做出一个好的决策，可以在决策之前，利用博弈论的思维来推演一下可能的结果。尤其是制定一项政策，所谓“上有政策，下有对策”，如果不能很好地预估别人可能采取的措施，政策的结果就很可能事与愿违。

历史上著名的“眼镜蛇案例”就是这样。在英国殖民统治时期，印度的眼镜蛇特别多，严重干扰到人们的正常生活。光靠政府派人去捕效率太低了，当时的英国总督就颁布了一条法令，居民可以凭蛇皮到政府领取奖金。在政策的制定者看来，有了这样的奖励政策，那肯定全民都是捕蛇者呀，这么多人一起捕蛇，蛇患不就解决了吗？可结果却是，当地的眼镜蛇不仅没有减少，反而数量增加了很多。因为很多人家都在自己家里养蛇，然后把蛇皮拿去换奖金，政府一看，这不行啊，于是就把蛇皮换奖金的政策给取消了，居民们养的蛇不能换钱，就直接把蛇给放生了。

运用博弈论思维来辅助决策，重点要分析五个要素。

（一）参与者

参与者，就是所有可能会与这个决策产生关联的人。比如公司的总经理，他做一个决策的参与者就包括：股东、董事、职工以及外部的供应商、客户、政府部门等。

（二）决策范围

决策范围，就是每一个参与者可能做出的选择的范围。这里的选择包括两个要素：一个是内容，就是他具体会做什么；另一个是时间，就是他会什么时间去做。有时候不同的做事时机也会对最终的结果产生重大的影响。比如说，公司的奖金政策改变之后会有一些人离职，这些人是马上就集体离职，还是三个月之后，公司的重大项目告一段落后再陆续离职，对公司经营的影响是非常不同的。

（三）信息

每一个参与者都拥有什么样的信息，不同的参与者之间的信息是不是相通的？不同的模式下，参与各方了解的信息也不一样。比如下棋，双方的信息都是透明的，我知道我自己的棋子，也知道对方的棋子。而打牌则不同，我只知道自己的牌和已经打出去的牌，而不知道其他人手中的牌。

一般情况下，自己比对方知道的信息越多，在决策中会越有优势，但是这个规律也不是普遍适用的，在公司治理中，如果公司的管理者刻意地隐瞒信息，不让股东知道，把股东给惹毛了，管理者的信息优势是有了，可职位可能就没了。

（四）收益

对于每一个参与者，在做出不同的选择后，可能获得什么样的收益。这里的收益既包括那些可以量化的部分，比如工资、奖金、福利、公务消费；也包括一些很难量化的部分，比如成就感、地位、掌控感等。不同的人，所渴望的收益不一样，做出的决策也会不一样。

（五）均衡局面

在以上这些条件下，参与者最终会做出什么样的决策，这个决策会不会因为别人的选择而做出改变。如果每一个人在当下做出的选择，对于他自己来说是最优的，不会因为别人的选择而做出改变，整个博弈的结果就是稳定的。

二、帕累托效率与卡尔多效率

帕累托效率指的是资源分配的一种状态。在这个状态下，要想让某些人的处境变得更好，就必然要损害另一些人的利益，换句话说，在不损害任何人利益的情况下，现在的局面就是最好的安排，没法再往好里改了，也就是资源配置是有效率的，这种状态就叫帕累托效率或者帕累托最优。

相反，如果在一种状态下，可以不损害任何人的利益而让一些人的境况变好，就说明当前的资源配置是存在问题的，是可以进行改进的，这个改进就叫帕累托改进。

一项变革，如果能够带来帕累托改进，就说明这个变革没有损害任何人的利益，却改善了一些人的境况，那一般来说这项变革就是一个好的变革，就应该去努力推进。

但是，并不是不能带来帕累托改进的变革，就一定不是一项好的变革。比如公司要改变奖金的发放规则，鼓励多劳多得，如果政策施行，一些人的工资会增加，而另一些人的工资则会下降，这显然不是一个帕累托改进的变革，对于这类型变革的评估，要用到另一个概念，叫卡尔多效率。

卡尔多效率的目标是实现总财富最大化，它不关注某一个个体的收益，而是关注群体的整体收益，哪怕一个决策会使一些人的境况变差，但是如果整体的收益增加了，那就具备卡尔多效率。

比如现在有两个项目，如果由甲乙两个团队分别来负责，甲可以赚 500 元，乙可以赚 300 元。如果两个项目都交给甲来做，甲可以赚 1000 元，而乙则赚不到钱。从帕累托效率来看，这当然是不可行的，但是从卡尔多效率来看，总收益增加了 200 元，就是可行的。

三、科斯定律

科斯定律是指，如果没有交易成本，最终的资源配置与初始的产权安排没有关系，谁能够把资源用得更好，资源最终就会落在谁的手上。

最常见的用来解释科斯定律的例子是牛吃小麦。

有两块相邻的地块，左边的地用来种小麦，右边的地用来养牛。有一天，右边的牛冲过栅栏来吃左边的小麦，牛的主人要不要去阻止？

如果小麦和牛属于同一个主人，牛能不能吃小麦，简单算一笔账就知道了，如果牛吃小麦最终的收益更高，那就让牛敞开了吃，就当种小麦是给牛种饲料了。如果牛吃小麦的收益小于卖小麦所得的收益，那就不能让牛吃小麦，而是要让小麦茁壮成长，拿着卖小麦的钱来给牛买饲料。

如果小麦和牛属于两个不同的主人，但是交易成本为零，也就是牛的主人和小麦的主人能够很方便地达成协议，牛能不能吃小麦依然取决于哪个收益更高。如果牛吃小麦的收益更高，牛的主人可以把一部分多出来的收益分给小麦的主人，牛的主人愿意，小麦的主人也愿意。如果牛吃小麦的收益小于种小麦所得的收益，那牛的主人自然会阻止牛吃小麦，牛的主人和小麦的主人也不会产生纠纷。

这就是科斯所说的，谁用得好就归谁的定律，牛能不能吃小麦，要看哪一种选择的收益更高，而与小麦最初是属于谁的没有关系，即产权对于效率没有影响。

科斯定律的前提是交易成本为零的理想情况，现实生活中，产权属于谁当然会对效率产生重大的影响，比如小麦的主人种小麦不为赚钱，就是一个爱好，就喜欢看那远处蔚蓝天空下，涌动着金色的麦浪，牛吃小麦的收益再高，人家也不乐意交换。在实际生活中，任何的交易都有交易成本，这个成本有时候还会非常高，直接影响到交易能不能实现。所以，产权的初始界定相当重要，在公司治理中最明显的体现就是股权架构的设计，初始股权架构的好与坏，甚至可能决定一家公司最终走向生存还是毁灭。

四、交易成本

经济学家张五常曾经给交易成本下过一个定义：凡是在一个人的社会里不存在，而在多个人的社会里存在的成本，就叫交易成本。交易成本，不单单指买商品支付的那个价格，还包括这个过程中所支付的其他一切相关成本。

比如你要去商场买一件貂皮大衣，最主要的成本是你支付给商家买貂皮大衣的钱。但你实际支付的成本，远不止这个。

第一，你需要决定去哪个商场，你需要去网上查找商场的相关信息，或者向周围的人打听，看哪个商场里可能会有你想要的东西。

第二，你需要去到那个商场里，不管是自己开车、打车，还是坐公共交通，都需要付出时间和路费。

第三，去了商场，你需要找到卖貂皮大衣的店铺，需要选择你中意的商品，然后试穿，然后换一件中意的商品，然后试穿，然后再换另一件，再试穿……总算选择了一件你最满意的，然后跟售货员砍价，结果价格没谈拢，只好再换一家店，试穿、砍价……

第四，终于找到了样式和价格都满意的商品，你还要再咨询一下朋友的意见、家人的意见，最终才决定要不要购买它。

第五，你完成了购买，但是万一买的貂皮大衣出现了质量问题，你还要跟商家沟通进行退换货，不仅得花钱、花精力，有时候还可能搞得心情非常不愉快。

这还仅仅是从购买行为这个角度上来看，而对于商品本身，你所支付的价格，也不仅仅是商品的生产成本，还包括了店铺的租金，销售人员的工资，商品运输、保管、损耗的成本，以及工厂的不同职能部门运行所产生的各项费用，这些统统都算是交易成本。

五、外部性

一项决策，不仅仅会影响决策者自己的成本和收益，还会影响社会整体的成本和收益，这个就是决策的外部性。外部性有好的也有坏的。

一户人家非常喜欢养花，门口摆了很多的花花草草，这个行为本身是因为自己喜欢，但路过的人看到都觉得心情愉快，这个就是好的外部性。

一家工厂，为了自己的效益，不顾生产对环境的危害，超标排放，影响了工厂周围居民的生活，这个就是坏的外部性。

分析企业的外部性可以帮助我们理解国家的大政策。国家之所以要对校外培训机构进行严格的管制，一个很大的原因是，校外培训带来了教育资源的浪费，影响了共同富裕的大目标，带来了坏的外部性。

国家之所以要支持新能源产业，是因为新能源产业的发展对于环境的改善有好处，有利于实现碳中和的目标，带来了好的外部性。

在越来越强调公司承担社会责任的今天，一家公司在决定自己要开展什么业务之前，不仅需要考虑业务的成本和盈利，还需要好好分析一下企业可能带来的外部性影响，只有那些能够为社会带来好的外部性的业务，才可能会取得长期的发展。

在后面的章节中，这一节所提到的这些“专业名词”并不会频繁地出现，但它们其实贯穿在公司治理的各个环节。理解了这些理论，能帮助你更好地理解公司治理中，人们为什么会做出那样的行为，也有助于你设计出更好的公司治理体系。

延伸阅读 掀起公司的面纱来，让我看看你的脸

股东有限责任制度，是公司治理界的大明星，它所在的舞台上充满了鲜花、掌声和光环，被誉为市场经济繁荣发展的基石。这个制度把股东可能遭受的最大损失，限制在自己认缴的投资额范围内，让投资者能够放心地把钱投入公司，公司也因此能够筹集到大量的资金。可以毫不夸张地说，正是有限责任才造就了无限的市场。

不过，光环的背后也有阴影，有限责任制度自从产生那一刻起，就一直面临着怀疑和指责，指责的人认为这个制度副作用太大，常常被坏股东用来逃避责任，损害债权人的利益。

一、出租车公司利用有限责任逃避责任案

1966 年，纽约州发生了一场车祸，一辆出租车撞了一个人，司机对于事故负有责任。这个世界上几乎每天都会有车祸发生，而很难有一起车祸所造成的影响能和这起车祸相比。关于这起车祸的分析和讨论从 1966 年一直延续到今天。而这起车祸之所以有名，不是因为这起车祸有多大，相反，是因为这家出租车公司实在是太小了，全公司就只有这一辆出租车，这辆车还是贷款买的，而贷款的抵押物就是这辆出租车本身。所以，公司当时几乎没有可以用来赔偿的资产。

好消息是，车子按照当地的规定买了保险，但坏消息是，保险是按照最低要求购买的，保额只有 1 万美元，保险金根本不够赔偿损失。

案件到这里似乎还没有什么特别的问题，毕竟，公司虽然只有一辆出租车，但公司的设立是经过正常审批的，购买最低保险也是法律允许的，整个过程并不违法。

接下来发现的事实就显示出车主的“别有用心”了，出租车公司的股东，并不是只有这一家公司，而是另外还有十几家类似的出租车公司，每一家公司都只有一辆出租车。在那个年代，开出租车是一个高风险的事情，很容易发生事故，引发巨额的赔偿，而出租车公司的股东，显然也知道这个道理，于是就有了现在的设置。当一辆出租车发生事故的时候，出租车所在的这家公司就可以宣告破产，而不影响其他的资产。

不过，股东的如意算盘最终还是落空了，法院最终判决，可以“刺破公司面纱”，让出租车公司的股东，跟公司一起来承担赔偿责任。

二、“刺破公司面纱”的三个前提

“刺破公司面纱”制度又称为公司人格否定制度。在通常情况下，公司是有自己的独立人格的，可以独立承担责任。但是在特殊的情况下，公司独立不起来，它的责任就需要它的股东一起承担。

“刺破公司面纱”制度虽然能够让债权人的利益得到保障，但是从另一个角度看，它意味着股东不再只是承担有限责任了。如果公司的面纱可以随意被刺破，投资者所面临的处境就“一夜回到了解放前”，又变成了无限责任，那就没有人敢于投资公司了。所以，在“刺破公司面纱”的时候要非常的谨慎，需要严格符合相应的条件。

公司的面纱可以被刺破，需要满足三个大的前提：债权人被坑、股东积极参与公司治理，以及股东对公司的影响足够大。

（一）债权人被坑

“刺破公司面纱”的第一个大前提是债权人的利益受到了损害，而且这个损害不是因为债权人自己的过错造成的。

像前面那个出租车公司利用有限责任逃避责任案的例子，作为乘客，在打车之前不可能了解出租车公司的情况，如果一个乘客在每次打车之前，先得做个尽职调查，把出租车公司拥有多少资产，万一出事儿能不能赔得起分析清楚，那他不如直接走着去目的地，那样也许还快点。而出了事故，乘客拿不到出租车公司的赔偿，这个完全不在乘客的控制范围内。

在另一种场景下，即债权人与公司之间的合作是非常正式的，需要签订合作合同的情况下，债权人就有必要，也有能力去了解公司的资产和还债的能力。如果债权人自己没有去调查，最后因此受到了损失，那这个责任需要债权人自己承担，是不能够“刺破公司面纱”的，除非债权人可以证明，在这个过程中，公司和他的股东有欺骗债权人的行为，自己虽然努力了，但是碍于“敌人”太狡猾，才上当受骗，这个时候，才有可能“刺破公司面纱”，向股东索取赔偿。

（二）股东积极参与公司治理

一家公司的股东，可以分为两种类型，一种是消极股东，这里的消极不是说股东悲观、没有上进心，天天觉得公司要倒闭，而是指股东不积极参与公司治理。比如一些财务投资者，他们不关心公司将来飞得高不高，而只关心今天的分红多不多、现在的股价高不高。

另一种是积极股东，他们积极参与公司治理，影响甚至是左右了公司的决策。

假如公司确实有利用有限责任损害债权人利益的行为，那这个行为肯定是那些积极股东做出来的，所以在“刺破公司面纱”的时候，并不是要向公司所有的股东进行索赔，而是只向那些积极股东索取赔偿。

（三）股东对公司的影响足够大

愿不愿意管和管不管得着是两码事儿。股东想参与公司治理，不一定就能对公司的决策产生影响。比如公司有一些股东，想要让公司替自己还债，想要把公司的资产占为己有，但是因为公司的其他股东不同意，或者是公司的管理者不听他们的，那这些股东在公司的影响也非常有限。如果公司债权人利益受损，跟这些股东实际上的行为关系很小，即便他们很有积极性去参与公司治理，在“刺破公司面纱”时，也不能去追究他们的责任。

三、“刺破公司面纱”的两个条件

前面所说的是“刺破公司面纱”的三个前提，但是光有前提还不够。实际中，要“刺破公司面纱”，还要具备两个条件，一是公司的资本不足，二是股东与公司之间主体混同。

（一）资本不足

公司资本不足是“刺破公司面纱”的导火线。如果公司的资本充足，账上的资产完全有能力来偿还债权人，债权人就没必要费这么大的劲，非得要求公司的股东来一起承担赔偿责任了。只有在公司资本不足，债权人眼看从公司拿不到钱的时候，他才会想着去找公司的股东要钱。

不过，公司的资本不足也分为不同的情况，第一种情况是公司设立的时候就故意把注册资本设置得很低，目的就是规避投资风险。第二种情况是公司本来注册资本挺高的，但是因为经营的问题，公司业绩亏损，资本不断减少。第三种情况是公司注册资本挺高，但是股东通过一些非正常的手段，将资产进行了转移。只有第一种情况和第三种情况导致的资本不足，才可以申请“刺破公司面纱”。

（二）主体混同

主体混同是判断要不要“刺破公司面纱”的重要依据。所谓主体混同，是指公司和公司的关联方（公司的股东以及股东控制的其他公司）混在一起，有任务一起干，有钱一起花。但是在需要承担责任的时候，就把公司推到前面当挡箭牌，让公司来承担主要的责任。

主体混同具体表现在三个方面：人员混同、业务混同和财产混同。

人员混同，是指公司和关联方的职工存在交叉任职，尤其是公司的管理者和负责人事、财务管理的主要人员，同时在公司和关联方担任相同的职务，公司的人事任免也由关联方来决定。在人员混同的情况下，一般是职工拿着公司的钱，来给关联方干活，有时候职工自己都分不清楚到底在给谁干活。

业务混同，是指公司和关联方干的业务比较相近，甚至就是完全相同的业务。公司和关联方在对外进行宣传的时候用的是同一套信息，在签合同和具体实施过程中主体也分不清楚。比如公司前期谈好的合同最后却交给关联方签署，关联方签的合同又由公司来实际实施，结果就是项目的收入、成本，过程中的质量责任无法清晰划分。

财产混同，是指公司和关联方的财产混在一起，公司和关联方的资金、厂房、设备全都共同使用，甚至共用一个财务账户，用款也由同一个人审批。财产混同是“刺破公司面纱”的核心，因为财产独立是公司能够独立承担责任的基础。所谓“冤有头，债有主”，财务混同的情况下，“债主”到底是谁都分不清楚，也就不能够坚持法人独立人格了。

在上一版《公司法》中，“刺破公司面纱”的判定仅限于公司与其股东之间，通俗来讲，可以理解为“父子”之间。而新版《公司法》将这一责任拓展到“兄弟”公司之间，也就是说，当股东滥用自己控制的两个公司或者更多的公司的法人独立地位和股东有限责任来逃避债务时，各公司应当对任一公司的债务承担连带责任。这一规定也被称为“横向人格否定”制度。其设立的目的就是更好地保障债权人的合法权益。

“刺破公司面纱”的原因，是股东想要利用法律的漏洞来谋求私利，实际上，任何一项制度，都难免有漏洞和不足，不管是企业的创始人、管理者，还是一名普通人，都不要去想着钻漏洞，靠“捡漏”来赚钱，就像那句经典台词说的那样，“出来混，迟早是要还的”，漏洞总会有补上的那天，靠漏洞赚的钱，迟早要还回去。要想获得长久的成功，更应该像贝壳公司创始人左晖说的那样，“做难而正确的事”。

2 第二章

股权结构

第 1 节

重视

你必须关注股权架构的三个理由

创业有风险，万事小心点。历史上无数的人给成功的企业总结过经验，替失败的企业总结过教训，总结来总结去，总有一个因素避不开，那就是公司的股权架构设计。不过，在讨论股权架构的重要性之前，我们首先得搞清楚，股权到底是什么权。

股权，是股东权益的简称，是投资人把钱投给公司而享有的权利。这些权利总结起来，有三个方面：决定公司的大事怎么干，决定公司交给谁管，分取公司赚来的钱[①]。但是公司的股东往往不止一个，这些权利怎么在股东之间进行分配，就是股权架构设计要解决的问题。

---

① 关于股东权利的具体解释，会在第三章中进行介绍。

一、股权架构就是权力架构

《公司法》明确规定，股东会是公司的最高权力机构。公司里面的事儿，经理层拿不准，可以报给董事会，董事会拿不准可以报给股东会，到了股东会这里，就是最终的决策者，不管同意还是反对，都得有个结论。

但是股东会的权力不属于某一个股东，而是属于全体股东，当股东之间的意见不一致的时候，就需要少数服从多数，这里的“多数”不是看股东人数，而是看股东手里拥有的表决权数量。

如果公司里面存在某个股东，他所拥有的表决权比其他所有股东加起来还要多，那他的意见就可以决定股东会的意见，这个股东就是公司的控股股东。公司里面有一个明确的控股股东，就像团队里面有一个带头大哥，只要带头大哥不欺负小弟，这个团队基本上就会比较稳定。但是如果公司里面没有一个控股股东，情况就会变得复杂，一旦股东之间的意见不一致，难以形成一个统一的结论，就可能在股东之间引发控制权争夺大战。结果，股东之间打着打着，公司就被打没了。

当年的爱多 VCD，由大明星成龙代言，央视黄金广告时段标王，红遍大江南北，就因为股权架构设计上有问题，两大股东打架，从辉煌到破灭，只用了 4 年时间。

爱多 VCD 的创始人是胡志标和陈天南，两人各占 50% 的股权。公司创立之初，公司主要由胡志标当家，从业务规划、选人用人，到财务审批，均由胡志标全权负责，而陈天南则乐于当甩手掌柜，坐看公司潮起之后又是潮起。

随着爱多 VCD 的事业越做越好，两个股东之间矛盾反而越来越多了。站在胡志标的角度看，自己几乎负责了公司的全部工作，赚的钱自己只能拿一半，另一半要“白白”分给对方。可站在陈天南的角度看，明明两个人的持股比例是一样的，可自己在公司却没有什么话语权。

后来，当地村委会也参与投资，成了爱多 VCD 的股东，持股比例为 10%，胡志标和陈天南的持股比例都降为了 45%。这个时候，胡志标正在大幅推进公司的营销战略，两个人之间的矛盾终于藏不住了，陈天南联合了持股 10% 的村委会，逼着胡志标从董事长和总经理的位子上退了下来。

可顺利将胡志标排挤出公司的陈天南，管起公司来却不怎么样，离开了胡志标的爱多 VCD 也很快就走向了衰败。

像爱多 VCD 这类股东之间争夺控制权的例子，在资本市场上并不少见，中国照明行业的领军企业雷士照明，是另一个典型的案例。

雷士照明设立于 1998 年，注册资本 100 万元，创始人吴长江出资 45 万元，持股比例 45%，吴长江的另外两位同学杜刚和胡永宏各出资 27.5 万元，持股比例均为 27.5%。你应该能看出来，这样的股权结构是有风险的，几个股东之间的股权比例比较接近，任何两个股东联手都可以超过第三个股东，很容易出现控制权争夺的纠纷。果然，在公司成立三四年之后，三个股东之间的矛盾就慢慢暴露出来。

吴长江也发现了他们之间的问题，不过吴老板果然是不走寻常路，他的解决思路是：兄弟之间还是要以和为贵，既然两位心里不平衡，不如我们三个人持股比例都一样吧。于是，三个股东之间的持股比例变成了 33.4%、33.3%、33.3%。这显然不是一个能从根本上解决纠纷的办法。3 年之后的 2005 年，其他两个股东联手，在股东会上把吴长江赶出了其创立的雷士照明。

很多公司在设立之初都选择在创始人之间均分股权，结果为后来的股权斗争埋下隐患，不过，如果能够及时进行调整，也可以避免纠纷的发生，海底捞就是其中正面的案例。

海底捞设立于 1994 年，当时的股东一共有四人，是两对夫妻，分别是张勇夫妇和施永宏夫妇，每家各占 50% 的股权，公司的内部业务主要由张勇来负责管理。看到这里，你可能看到了熟悉的配方，闻到了熟悉的味道。不过，海底捞后来的发展却与爱多 VCD 和雷士照明不一样。

2007 年，海底捞已经发展成国内顶级的餐饮公司，这个时候，负责管理公司的张勇提出了一个解决海底捞股权问题的方案：让施永宏转让给自己 18% 的股权，价格按照最初的出资额来计算，一共是 1440 元钱。按照当时海底捞的估值，这 18% 的股权怎么也得价值上亿元。你可能会觉得，张勇胆子可真大，竟然敢提出这么“无理”的要求。而更让人意外的是，施永宏最后还真的同意了这个方案。不过，这个暂时的“损失”后来给施永宏带来了巨大的财富，2018 年海底捞上市，施永宏手中剩余的股份依然价值 255 亿港元。

二、股权的资源是有限的

一家公司的资本可以增加可以减少，公司的业务可以分散可以聚焦，公司的规模可以扩大可以收缩，但是不管是只有一个股东的有限公司，还是市值过万亿美元的巨型上市公司，它的股权总数就那么多，都是 100%。这个股东拥有的股权多一些，另外的股东拥有的股权就会少一些。股权对于一家公司来说就是一种不可再生的有限资源。

而公司要持续发展，就需要不断有新的资金投入，需要引入新的合作者，也需要对骨干员工进行股权激励，这些都需要进行股权分配，如果没有股权，这些事情就很难推进。

通过增资扩股能不能解决这个问题呢？新的股东愿意给公司投入资金，公司只要增加股东的个数不就可以了吗？

通过增资引入新的股东，可以给公司带来新的资金，但是公司的股权并没有增加，而是原来股东的股权变少了。假设公司原先的注册资本是 1000 万元，大股东持股比例是 60%，这时候引入新的股东进行增资，公司注册资本增加到 2000 万元，原来大股东的持股比例就缩减到了 30%。

当然，如果原有的股东愿意退出，他原先所持有的股权可以拿来进行再分配。不过，这个过程需要原股东配合才可以，如果原股东不愿意，这个调整就会非常困难。

三、股权调整起来很困难

股权一旦分出去给了别人，就变成了对方的合法财产，哪怕你是控股股东，是公司的创始人，再想收回来也不容易。分享投资管理合伙人，“享投就投”平台的首席执行官蔡聪早年创业时，就吃了这方面的亏。

那是蔡聪第一次创业，办了一家通过网络销售商业素材图片的网站。由于自己不是这方面的技术专家，费尽周折选中了一名技术人员作为自己的合伙人，公司把这名合伙人提供的技术折成了10%的股权，为了表达自己的诚意，蔡聪还额外赠送了他15%的股权。

可是，真合作起来才发现，这名技术合伙人远远不是当初以为的那么美好，在蔡聪看来，这名技术合伙人，既没有过硬的技术，也没有合伙人的态度，总之是干啥啥不行，工资拿不停。

在合作了一年后，蔡聪终于忍不住了，自己每天辛辛苦苦取得的成果，要分出去四分之一给一个自己看不上的人，这心里实在难受。他决定跟这名合伙人“分手”，把他手里的股权收回来。

没想到，更憋屈的事情还在后面。蔡聪本来想的方案是：当初技术入股的股权，按照入股时的价格原价购买，而赠送的股权也一并收回来。对于蔡聪提出的条件，合伙人的回复也很简单直接：想要收回股权可以，但是得按照一定的估值来买。而合伙人提出的这个价格，在蔡聪看来是一个完全没办法接受的天价。

最终因为协商不成，蔡聪只好把公司的资产卖掉，结束了这次创业。

想要把别人手里的股权收回来，必须持有股权的人同意，对方不同意，条件谈不成，股权就收不成。所以，在一开始做好股权架构的策划，相当于把问题扼杀在了摇篮当中，对于公司保持长期的发展，是非常重要的。

第2节

甄别

这三种基本股权架构你都认识吗

学数学得从最简单的公理开始学起，学书法得从最基础的横竖撇捺练起，学股权架构设计也得从了解基础架构开始。不管一家公司的股权架构设计得多么复杂，一层层拆下来，无外乎三种基本结构：直接持股、间接持股和协议控制型。

一、直接持股架构

直接持股架构，就是意向投资方[①]直接持有公司的股权，这里的意向投资方既包括自然人，也包括法人主体。

直接持股是最简单的股权架构，谁的股权多，谁的股权少，谁是公司的控股股东，可以从股权架构上很直观地看出来，没有中间商赚差价。很多公司在设立的时候都是采用的直接持股架构，比如我们熟悉的腾讯公司。

1998 年，马化腾和 4 位其他的创始人联合设立深圳腾讯计算机系统有限公司，公司注册资本 50 万元，马化腾作为公司的首席执行官，出资 23.75 万元，持有公司 47.5% 的股权；张志东是首席技术官，出资 10 万元，持有公司 20% 的股权；曾李青是首席运营官，出资 6.25 万元，持有公司 12.5% 的股权；许晨晔是首席信息官，出资 5 万元，持有公司 10% 的股权；陈一丹是首席行政官，出资 5 万元，持有公司 10% 的股权。

直接持股架构的缺点也很明显：第一个缺点是股东人数多的时候协调沟通的成本会非常高。不管持股比例多少，都是公司的股东，

---

① 这里的意向投资方指最终有权力决定投资的主体，一家公司的股东，一层层往上追溯，最终的投资主体可能是自然人、国务院国有资产监督管理委员会（以下简称国资委）、全民所有制企业、集体所有制企业、事业单位或者国家部委设立的行业协会等。

每次召开股东会都得一个一个通知所有股东来参加。尤其是对于有限公司，任何一个股东想把股权转让给公司以外的人都需要征求其他股东的意见，询问其是否要行使优先购买权，转让完成还得去公司登记机关办理变更登记，程序非常烦琐。第二个缺点是股东人数有上限。有限公司的股东人数最多不能超过 50 人，股份公司的发起人不能超过 200 人。第三个缺点是不利于控制权集中。每一个股东享有的表决权和投入的资金数量相对应，想要有更多的表决权就只能出更多的钱，可有时候心里想要更多的表决权，却发现手里的资金不够，只能让心中的梦想随风飘散。而且随着引入的股东越来越多，创始人的控制权也会变得越来越小。第四个缺点是税收筹划的空间小。自然人股东不管是卖出股权还是收到分红都得上交个人所得税，承受的税负相对比较多。

二、间接持股架构

间接持股架构，指意向投资方并不直接持有目标公司的股权，而是通过中间的平台来间接持有。最常用的两种间接持股平台，一种是公司，另一种是有限合伙企业。

（一）通过设立公司来间接持股

通过设立公司间接持股，就是意向投资方先出资设立一家公司，再由这家公司去投资目标公司。这样的股权架构具有很多优点。

1. 解决投资方不方便直接出资的问题

对于政府或一些事业单位，在股权投资上存在很多的政策限制，所以这样的投资方一般都会设立一个投资平台，比如国资委设立的各个中央企业，以及各地方政府设立的产业投资平台，再由这些平台参与实业投资，来解决国有资本投资的问题。

另外有一些个人，不愿意自己的姓名出现在股东名册中，只想深藏功与名，也可以利用中间的公司来隐藏自己的身份。但是这个目的在我国很难实现，因为所有公司的股权架构在工商系统中都可以很方便地查到。所以想要隐藏身份需要借助国外的资源。比如，把平台公司注册在英属维尔京群岛即 BVI 公司，这个地方对于公司股东的保密工作做得很好，除非特别授权，否则一般人是查不到公司的股东关系的。投资者可以先设立一个 BVI 公司，再由 BVI 公司投资设立实体公司或者其他的空壳平台公司，股东就可以在资本市场中成功隐身了。当然，操作的过程要确保合法，如果一个人按法律规定不能进行股权投资，那么也不能借助这个工具来实现自己的非法目的。

2. 搭建金字塔结构，提升资金控制力

阿基米德说："给我一个杠杆，我可以撬起整个地球。"通过搭建平台公司，形成金字塔式的股权架构，也能够实现资本的杠杆效应，用小资金控制大公司。

比如，目标公司的注册资本是 1000 万元，投资者想要获得公司

51% 的表决权，需要出资多少钱呢？

如果是直接持股，投资者需要出资 510 万元。

如果是设立一层平台公司，平台公司 A 的注册资本可以定为 510 万元，投资者出资 260 万元，持有 A 公司 51% 的股权就可以了。

如果是设立两层平台公司，在平台公司 A 上面，再设立一个平台公司 B，B 公司的注册资本可以是 260 万元，投资者只需要出资 133 万元就可以持有 B 公司 51% 的股权，然后间接地控制目标公司（见图 1）。

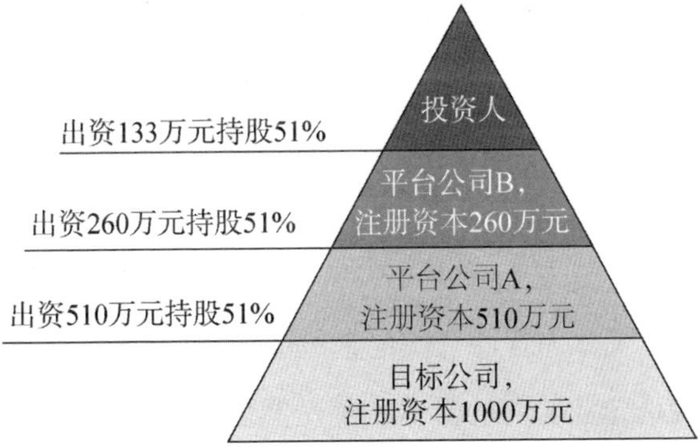

图 1 金字塔式股权架构

所以，只要层级足够多，用很少的钱也能控制目标公司。当然，现实中投资的层级会受到很多因素的制约，不能想搭多少层就搭多少层。

3. 方便进行税务筹划

在国内，不同的地区为了招商引资会给出不同的税收优惠政策，把平台公司注册在这些地方可以利用政策获得一定的税收减免。

有一些国家为了吸引外国投资者，也会对一些投资收入实行低税率，或者特别税收优惠，这些地方被称为“避税天堂”，比如前面提到的英属维尔京群岛。

即使是同一个地区，作为自然人股东和公司类的法人股东，股权转让、利润分红所得的收入、征税的标准也不一样。通过设立平台公司来进行投资，就为投资方进行税务筹划提供了空间，在合法合规的前提下，减轻一部分的税收负担。

（二）通过设立有限合伙企业间接持股

第二种间接持股的方式，是意向投资方先出资设立一家合伙企业，再由这家合伙企业投资设立目标公司。合伙企业和公司是不一样的，合伙企业没有法人资格，不缴纳企业所得税，最终的责任需要由合伙企业的投资人来承担。

合伙企业又分为普通合伙企业和有限合伙企业。

普通合伙企业所有的合伙人都是普通合伙人，他们要对合伙企业的债务承担无限连带责任。

有限合伙企业的合伙人分为普通合伙人和有限合伙人，普通合伙人对合伙企业的债务承担无限责任，而有限合伙人则只需要以出资额为限承担有限责任。

不管是普通合伙企业还是有限合伙企业，企业里的普通合伙人可一点都不普通，合伙企业的事务都是由他们说了算，他们也对企业的债务承担无限的连带责任。

有限合伙企业的特点，就是普通合伙人哪怕出资额只占 0.1%，也可以保持对合伙企业的全部控制权，进而实现控制权的集中。有限合伙企业也经常作为公司股权架构中很常见的一种投资平台。但是作为有限合伙人，则只享有收益权，而没有参与公司治理的表决权。有限合伙企业一般会作为员工持股平台来使用。

在税收方面，公司和合伙企业也有区别。公司的自然人股东要想转让股权，需要公司先缴纳企业所得税，个人再缴纳个人所得税，整体的税负会非常重，而合伙企业不需要缴纳企业所得税，只要合伙人缴纳一次个人所得税就可以了，相对于公司来说，税负更轻一些。

三、协议控制型架构

协议控制型架构，是指投资公司和目标公司表面上看并没有股权投资关系，但是两个公司之间签署了一系列的协议，通过这些协议，目标公司的资产都由投资公司来使用和管理，目标公司赚的钱也都要给投资公司，投资公司实质上控制了目标公司。

在资产方面，目标公司所需要的资金由投资公司提供，目标公司的名义股东把所有的股权完全质押给投资公司，目标公司经营所得的利润也需要全部交给投资公司。

在管理方面，投资公司可以实际控制目标公司的董事会，或者直接向目标公司的董事会推荐成员。目标公司的经营也全部委托给投资公司管理。双方还约定，在政策允许的时候，投资公司可以收购目标公司的股权，成为目标公司的真正股东。

那投资公司为什么不直接控股目标公司，而是搞这么复杂的程序呢？

这样做大部分是为了实现目标公司在境外上市的目的。境内企业要想在境外上市，通常的做法是，先在境外设立一个投资公司，由投资公司控股境内的目标公司，然后以投资公司作为主体去上市融资。

但是对于一些特殊的企业，比如一些互联网企业，根据法律规定，是不能够由外资控股的，在这种情况下，股权控制的方式就行不通了，而选择协议控制型架构，就可以在不违反监管要求的情况下，实现境外上市的目的。

你可能也发现了，这种协议控制型架构虽然表面上是合规了，但实际上从监管方面还存在一定风险，未来能否持续使用，是存在一定不确定性的。

第3节

抉择

到底要坚持多少的持股比例

俗话说，一山不容二虎，哪怕公司再大，如果同时有几个人都想当控股股东，就会因为争权而打架。不过股东之间配合得好，各司其职，分别在不同的事项上行使自己的权利，公司也会有一个良好的氛围。

股东的持股比例不一样，所拥有的权利也不一样。作为股东应该争取多大的持股比例，取决于他想在公司里面拥有什么样的地位。这一节，我们就介绍 8 个重要的持股比例线，对应 8 种不同的权利。有一些权利适用于所有的公司，有一些适用于股份公司，还有一些则只适用于上市公司。

在讨论具体的持股比例线之前，我们先得了解一个概念，就是会议的表决形式。公司治理层面的会议表决，有两种方式，一种是资本多数决，另一种是人员多数决。

股东会会议常用的是资本多数决[①]，一个议案能不能通过，不是看同意的股东人数有多少，而是看同意的股东所代表的表决权有多少。一个议案哪怕只有一个股东同意，如果他所代表的表决权比例足够大，议案照样能通过。不过，有限责任公司和股份公司的股东会会议计算通过比例的公式是不一样的。有限责任公司计算比例的时候，分母是全公司所有股东所拥有的表决权，来不来参加股东会会议的都算，分子是同意的股东所代表的表决权。而股份有限公司

---

① 对于有限责任公司，公司章程有很大的自治权，比如是不是按照出资比例行使表决权，股东会和董事会的议事方式和表决程序，都可以自己决定。这里说的只是一般的情况，具体到某个公司，可以根据公司章程的规定来决定持股比例。

计算比例的时候，分母是来参加股东会会议的股东所拥有的表决权，不来参会的股东不考虑在内，分子是参会的股东里面持同意意见的股东所代表的表决权。

董事会和监事会会议常用的是人员多数决，一个议案能不能通过，就看同意的人数有多少，不管这个董事或监事是控股股东推荐的，还是职工选举的；也不管是董事长还是其他董事，每个人都只有一票，谁都不能例外。

一、适用于所有公司

（一）绝对控制线（三分之二）

公司的最高权力机构是公司的股东会，如果一个股东可以左右股东会会议的决议结果，他对公司就有绝对的控制权。现在的问题就是，股东会审议事项，需要多少股权同意才能通过？

提交到股东会来审议的事项，都是公司里的大事儿，而这些大事儿又可以分成是一般大的事儿和特别大的事儿，对于特别大的事儿，只有取得绝大多数股东的同意才能通过，这个绝大多数，就是代表三分之二以上表决权的股东同意。

而对于什么才是特别大的事儿，《公司法》里面规定得很清楚，一共是 6 项：修改公司章程、增加或减少注册资本、公司合并、公司分立、公司解散、变更公司形式。

对于单个股东来说，如果他的持股比例达到了三分之二以上，那他就是股东中的王者，一个议案，他说同意就能通过，他说不同意就不能通过，他就拥有了对公司的绝对控制权。

（二）相对控制线（二分之一）

对于一般大的事儿，股东会审议的时候，只要超过二分之一表决权的股东同意就可以了。

这些一般大的事儿，就是股东会审议的事项里面，除了前面提到的那 6 项议题以外的事情，比如选举董事、监事，聘请审计机构，决定分红方案等。

股东持股比例超过二分之一，公司里面很多与经营相关的事情他也就可以自己决定了。实际中，一个股东持股比例超过二分之一，就会被认为是公司的控股股东。

（三）一票否决线（三分之一）

重大事项一票否决线不是法律规定的，而是推导出来的。既然股东会审议重大事项需要拥有三分之二以上表决权的股东同意才可以，那如果一个股东所持有的股权达到了三分之一以上，就拥有了重大事项的“一票否决权”。对于这些重大事项，他说某一个事情可行不一定真的可行，他要说某一个事情不行，这个事情就一定不能行。

不过，这个否决也仅限于重大事项的否决，对于只需要半数表决权通过的事项，就不一定能起到作用了，还要看其他股东是什么意见。

（四）提议开会和起诉解散线（10%）

对于小股东来说，10% 的持股比例是一个重要的分界线。持股比例达到 10% 的股东，拥有两项非常重要的权利，一个是提议召开股东会，另一个是请求解散公司。

股东会虽然是公司的权力机构，但是股东会要想行使权力，有个前提，就是得先开会。不管是大股东还是小股东，原则上都是不能直接去给公司发命令的。也就是说，如果不召开股东会会议来对事项进行审议，股东对于重大事项的决策权就没有用武之地。

如果一个股东持有 10% 以上的股权，想让公司召开股东会会议来对某个事项进行审议，他就可以向公司的董事会提议召开临时股东会，如果董事会不听，他可以接着向公司的监事会提议召开股东会，如果监事会也不听，他就可以自己召集股东会。

对于有限公司来说，股东只要持股比例达到 10% 就可以行使上述权利了，但是对于股份公司来说，还有一个额外的条件，就是股东的持股时间，需要连续满 90 天。

如果股东不能通过召开股东会来解决问题，比如股东之间关系已经破裂，根本就没有人愿意参会，或者股东会会议上难以形成决议，公司股东之间形成了僵局，经营管理发生了严重的困难。持股 10% 以上的股东还可以请求人民法院解散公司，然后按照出资的比例分取公司的财产，实现股权退出的目标。

二、仅适用于股份公司

(一)会计账簿、会计凭证查阅权(3%)

前面提过,新的《公司法》提高了股东知情权的范围,这个当然有利于维护股东的权益,但是从另一个方面来看,也会增加公司的管理成本和风险。为了在维护股东权益和控制管理成本之间寻求平衡,《公司法》对股份公司股东知情权的行使限定了条件,只有连续一百八十日以上单独或合计持有公司百分之三以上股份的股东,才有资格要求查阅公司的会计账簿和会计凭证。

(二)股东代表诉讼权与临时提案权(1%)

股东代表诉讼权,是给了股东一个展示主人翁意识的机会。如果股东发现公司的董事、监事或者其他人,干了损害公司的事情,股东可以提醒公司的相关机构进行起诉。董事做了坏事就提醒监事会起诉,监事做了坏事就提醒董事会起诉,其他人做了坏事就先提醒董事会,董事会不管再提醒监事会起诉。如果股东提醒了之后发现没用,股份公司连续 180 天以上持有公司 1% 以上股份的股东,就可以代表公司进行起诉。

有限公司也可能发生董事、监事或其他人损害公司利益的事情啊,为什么这个规则只适用于股份公司呢?这是因为,对于有限公司来说，只要是公司的股东，就拥有股东代表诉讼的权利，而对于持股比例完全没有要求，哪怕是只出了一元钱的股东，也可以行使这个权利。

在临时提案权方面，股份公司持股比例1%以上的股东，虽然自己没有权利提议召开股东会会议，但是可以在收到召开股东会会议的通知后。向会议的召集人提出自己的提案，只要这个提案属于股东会的职权范围，有明确的议题和决议事项，召集人就应该把它列入股东会会议的议题，请股东来审议。不过，按照规定，这个提案需要在股东会召开十日前书面提交召集人，以给其他股东留出提前准备的时间。

三、仅适用于上市公司

（一）要约收购线（30%）

投资者收购上市公司有两种方式，一种方式是协议收购，就是收购方与公司的控股股东或者大股东直接商量进行交易。这样的交易是在鲜花掌声之中进行的，所以也叫善意收购。

另一种方式是投资者直接在证券市场上购买公司的股份，而没有跟公司的控股股东和管理者沟通，所以一般会被公司当前的控股股东及管理者视为是“恶意并购”。为了保护原有股东的利益，尽量维持资本市场的平稳。法律规定，当投资者购买的股份达到已发行股份的30%时，如果继续收购，就要采用要约收购的方式，投资者需要向所有的股东发出购买的要约，公司的所有股东，包括控股股东和所有小股东，只要愿意卖，都可以按照收购方开出的价格和条件提出卖股份的请求。

（二）重要股东判断线（5%）

上市公司的股东如果持股比例达到5%以上，就属于公司的重要股东。这个“重要性”主要体现在他的股权变动可能会对上市公司的股价形成较大的影响。所以，要对这些股东进行更为严格的监管。一个股东，如果他持有上市公司的股份首次达到5%，需要3天内向证监会和交易所书面报告并进行公告，以后每增加或减少1%都应当在第2天通知上市公司并公告，每增加或减少5%，都要在3天内向证监会和交易所报告和公告，在报告期间和公告后3天内，不能再买卖公司的股票。

第4节

掌控

为什么出资少也可以说了算

所有的公司创业都需要一种资源，就是钱，有了钱之后，还需要更多的钱。尤其是现在的互联网企业，在创业前期为了吸引用户、提高市场占有率，需要花很多很多钱，因为花钱的速度实在太快，被形象地称为“烧钱”。

而公司拿钱的一个重要方式就是向股东融资。公司拿了投资人的钱，就需要给投资人分一些股权，随着融的钱越来越多，创始股东所持有的股权也越来越少。而股权又是和控制权直接相关的，在这种情况下，创始股东如何保持自己对公司的控制权？

我们在本章第 2 节中提过，利用有限合伙企业，或者搭建多层的金字塔股权架构，可以用相对较少的出资额来实现对公司的控制权。这一小节，我们再介绍其他几种保持控制权的方式。

一、一致行动人协议

有一首几乎每个中国人都会唱的歌，叫《团结就是力量》，如果一个股东可以把其他股东团结起来，让大家保持步调一致，就可以提高自己的影响力。而把这个想法落实到协议上，就是“一致行动人协议”。在签这个协议之前，需要想清楚三个问题：

第一，大家听谁的。

所有签约的股东保持一致行动，这个没有问题，问题在于，如果股东之间意见不一致，应该以谁的意见作为这个“一致意见”？

确定一致行动的意见，一般来说有两种方式，一种是约定一个

“带头大哥”，这个“大哥”可以是签协议的股东里所持股权最多的，也可以是资历最深、大家最信服的。在投票的时候，他说投什么票，其他股东就投什么票。

另一种就是开会表决，在公司召开股东会会议之前，一致行动人协议的签约股东先开一个“小股东会会议”，通过投票来决定一个意见，然后所有的股东按这个意见来投票。这个“小股东会会议”是按股权比例表决还是按人头来表决，也需要在协议中进行约定。

第二，如果股权有变动怎么办。

如果签协议的股东转让了自己所持有的股权，新的股东又不愿意跟其他股东保持一致行动该怎么办？

解决这个问题一般来说也有两种方式，一种方式是当股东想要转让股权的时候，一致行动人协议中的其他股东有优先购买权。另一种方式是增加转让股权的条件，只有受让方接受现在一致行动人协议里面的条款时，股权转让才可以进行。

但是，这个规定也只限于没有上市的公司，对于上市公司来说，如果股票通过证券交易所竞价交易，买卖双方根本不知道交易方是谁，也就没有办法与购买股权的一方提前做出约定了。

第三，有人违反规定怎么处罚。

对违反规则的人进行处罚，是保障规则得到遵守的一个有效措施。对于违反一致行动人协议的一方，可以让他交付违约金，违约金可以用现金支付，也可以用他所持有的股权支付，或者可以限制违约一方的表决权。比如规定在违约几次以后，违约股东的表决权归其他股东所有。

为了避免股东违约，有一个更彻底的方法，把一致行动人协议中关于表决权的规定，直接写入公司章程，股东会会议在计算表决票的时候直接按照公司章程的约定来计票，“不让中间商赚差价”，不给股东违约的机会。

二、投票权委托

有一种跟一致行动人协议看起来很像的方案，称作投票权委托。比如京东当初做股权激励时，刘强东把股份分给员工，就跟员工签署了投票权委托协议，员工把表决权委托刘强东来代为行使。

投票权委托与一致行动人协议的区别在于，一致行动人协议里面，投票权依然属于股东自己，所有股东都可以自己去参加股东会会议，在做出一致的行动之前，每个人也都可以表达自己的意见，甚至可以影响最后的结果。而投票权一旦委托给别人行使，股东自己就没必要再去参加股东会会议了，被委托人在投票之前也不需要再征求委托人的意见。

另外，一致行动人协议的签署方都需要是公司的股东，而投票权委托可以将表决权委托给股东以外的人来行使。

三、公司章程

我国的公司，只有两种类型，一种是有限责任公司，另一种是股份有限公司。从监管的角度看，有限责任公司内部的治理是比较灵活的，只要不违反法律法规，很多规则可以由股东自己决定，比如公司怎么分红、股权转让有什么限制、股东资格能不能继承、怎么选董事长、股东会一年开几次，以及这里我们重点解释的，股东的表决权怎么确定。

一般情况下，有限公司股东按照出资比例来行使表决权，但是，在不一般的情况下，有限公司可以约定，股东的表决权与实际的出资金额不一致。比如，一家公司的注册资本 1000 万元，一共有两个股东，甲股东出资 300 万元，乙股东出资 700 万元，在公司章程里完全可以约定，甲拥有公司 60% 的表决权，乙拥有公司 40% 的表决权，只要双方股东都同意，这个约定就是有效的。

四、双重股权结构（AB 股）

股份有限公司跟有限责任公司相比，是一种更为开放的公司类型。因为开放，涉及的股东比较多，对于股份公司的监管也更严格，很多的规则都是法律强制规定的，公司不能随便更改。比如，股份公司里面，相同类别的股份所拥有的表决权都是一样的，不能像有限公司那样自己来定义，也就是通常所说的“同股同权”。不过，股份公司可以设置不同类别的股份，虽然同一类别的股份，表决权是一样的，但是不同类别的股份，表决权可以不一样，这种设置就叫双重股权结构，也叫 AB 股。

高表决权股份（通常称为 B 股）一般由公司的创始股东持有，一股有 N 票表决权（N 通常为 2~10 的整数）。而低表决权股份由其他股东持有（通常称为 A 股），一股有 1 票表决权。

在 2018 年以前，只有国外的公司才可以设置 AB 股的股份。京东 2014 年在美国纳斯达克上市时，刘强东所持有的股份每一股拥有 20 票表决权，其他股东每一股只有 1 票表决权。刘强东虽然按照出资额只拥有 20% 左右的股份，却实际拥有超过 80% 的表决权，稳稳地抓住京东的控制权。

后来，我国香港特别行政区也允许设置 AB 股的公司上市了。2018 年小米在港交所上市，是港股第一家采用 AB 股的公司，小米创始人雷军所持高表决权的股票，一股拥有 10 票表决权，所以雷军持股比例虽然只有 31%，但表决权比例却高达 58%。

再后来，境内科创板也允许设置 AB 股的公司上市了。2020 年 1 月，优刻得公司在上交所科创板上市，成为 A 股第一家采用 AB 股的上市公司，季昕华、莫显峰和华琨三位实际控制人所持高表决权的股票，一股拥有 5 票表决权，三人合计持有公司 23% 的股份，表决权比例为 60%。

新的《公司法》实施后，所有的股份公司都可以发行与普通股权利不同的类别股，包括每一股的表决权数多于或者少于普通股的股份。

五、控制董事会

还有一种控制公司的方式，是控制公司的董事会。虽然股东会是公司的最高权力机构，但是股东会会议上审议什么议题都是董事会来安排的，尤其是对于上市公司，控制董事会也就相当于控制了公司，典型的例子就是阿里巴巴。

2014 年阿里巴巴在美国纽交所上市时，阿里巴巴的第一大股东是软银，持股比例 31.8%；第二大股东是雅虎，持股比例 15.3%；马云等阿里巴巴创始团队合计的持股比例只有 13.1%，即使算上委托表决权，在股东会上也不拥有控制权。

不过，阿里巴巴却利用合伙人制度，牢牢地控制住了公司的董事会。这里的合伙人制度，不是我们前面说的有限合伙企业那种合伙，而是阿里巴巴的一项内部制度，阿里巴巴在公司章程里称为“阿里巴巴合伙”。

根据阿里巴巴的公司章程，阿里巴巴合伙可以推荐公司超过一半的董事人选。虽然，阿里巴巴合伙只有推荐权，最终能不能当选还要经过年度股东会投票。但是，阿里巴巴公司章程里还约定，如果推荐的董事人选没有通过股东会选举，或者中途有董事离任，阿里巴巴合伙有权直接委任另一人担任空缺职位，一直到下一年度股东会会议召开。换句话说，不管股东会同意还是不同意，阿里巴巴合伙都可以保证董事会中有一半以上的董事是自己人。

按照阿里巴巴公布的2021年财报，阿里巴巴现在董事会一共有11名董事，其中5名执行董事全部由阿里巴巴合伙推荐，另外还有5名独立董事，1名由软银推荐的观察员董事（没有表决权）。单独从数量上算，阿里巴巴合伙推荐的董事约占到董事会全部人员的45%（5/11），所以按照公司章程，阿里巴巴合伙目前有权向董事会提名或者委任2名增补董事，从而使董事总人数增至13人，而阿里巴巴推荐的董事比例将达到约54%（7/13），实现对董事会的完全控制。

第5节

攻略

如何避开股权设计中的那些坑

俄国作家托尔斯泰有一句名言，“幸福的人生往往是相似的，不幸的人生却各有各的不幸”。这句话在股权设计中正好反过来，对于那些发展好的公司，它的股权设计各有各的样子，而那些因为股权设计而产生问题的公司，所犯的错误往往都是相似的。

一、三种不合理的股权结构

虽然股权的总量只有100%，但是因为股东的数量可以是无限的，所以股权结构就可以有无数的变化。在这万般变化当中，有三种结构排在了最糟糕的股权结构前三名，它们就是：均分股权、比例接近但权力悬殊，以及一股独大。

（一）均分股权

假如要评选最差股权结构名单，均分股权是当之无愧的第一名，更可怕的是，这种结构在创业公司中特别常见。

这种情况其实挺好理解，毕竟创业找的合作伙伴，都是自己熟悉的人。我之前很多次在路上碰到有人让我扫二维码“支持他创业”，但从来没有见过一个陌生人，一见面就“邀请我一起创业”。既然都是朋友，就不好意思在公司设立时就争公司的控制权，于是最容易想到的方式就是大家均分股权，两个人创业那就各50%，四个人创业那就各25%。毕竟这个时候，公司能不能成功谁也不知道，几个合伙人，每个人都有自己的特长，你懂技术、我懂营销、他懂财务，谁也不敢说自己就比其他人厉害。

但是，均分股权有两个明显的弊端，一个是容易发生权力争夺，另一个是决策成本非常高。

想一想历史上的皇位之争，什么时候权力争夺最激烈？就是几方势力差不多，谁都有可能上位的时候，一旦有一个人的名分定下来，这场争战也就结束了。

比如“三三三”的股权结构，公司有甲、乙、丙三个股东，甲持33.4%股权，乙和丙各持33.3%股权。表面上看，三个人之间互相牵制，谁也不能乱来，但实际上非常容易上演“三国演义”的戏路。

三方互相牵制的结果，是任何一方只要可以团结另外一个股东跟自己站队，就可以当老大。所以，就会出现今天甲和乙联手对抗丙，明天乙和丙联手对抗甲，后天甲和丙联手对抗乙的状况。

即使是股东之间相对比较和谐，没有出现夺权斗争，公司的决策成本也会非常高。在股东会中，没有一个股东是可以自己说了算的，做任何一个决定，都需要去说服其他的股东同意，而公司创业本来就充满了不确定，很难说某一个决定是没有风险的，这个时候要做出决策就会非常困难。

（二）持股比例接近但权力悬殊

均分股权不合理，那如果两个股东一个人持股51%，另一个人持股49%好不好？

假设一家公司注册资本100万元，大股东出资51万元，小股东出资49万元。站在小股东的角度，他只比大股东少出了2万元，但是在公司里却几乎没有什么发言权，他当然也就不愿意为公司投入太多的精力。

而站在大股东的角度，他会觉得自己只比小股东多拿 2% 的收益，却要付出相当于小股东 10 倍、100 倍的努力，也会觉得不公平。

两个股东心里都有怨气，时间长了就难免会产生嫌隙？两个股东相处得不好，公司当然不可能发展得好。

而且，公司要持续发展，肯定需要不断引入新的股东，而一旦引入新的股东，除非其他股东愿意同比例让渡，否则原来大股东的股权就会被稀释到 50% 以下，大股东就会失去他的控股地位。

（三）一股独大

均分股权不好，持股比例太接近了也不好，那如果股权相差非常大好不好呢？

有一些创业公司的股权结构就呈现冰火两重天的状态，其中一个股东是绝对的“大哥”，持股比例在 90% 以上，而跟他一起创业的小股东，持股比例则非常小，只有百分之二三。

创业本来就是一件九死一生的事情，不管一个人能力有多大，他的知识面和眼界都是有局限的，哪怕自己真的什么都懂，所拥有的时间也是有限的，不可能同时去处理所有的事情。所以，几乎所有成功的公司，都有一个紧密合作的创始团队。

而如果大股东只给合伙人 2% 或 3% 的股权，是很难能让对方和大股东组成命运的共同体，一起拼事业的。

前面提到的三个“坑”是一些具体的股权结构，说的其实是股权设计的结果，而股权设计的过程也有两个经常会踩的“坑”，第一个是根据期望来分配股权，第二个是没有设计动态调整机制。

二、根据期望来分配股权

假设你是一家公司的创始股东，现在公司的产品已经基本上定型了，马上要开始批量生产，但公司的客户还没有着落，你急需一个拥有市场资源的合伙人来解决产品的销量问题。这个时候，有一个人告诉你，他手里掌握着丰富的市场资源，只要你能产出来，你产多少他就能卖多少。如果你想把这个人拉过来一起合伙，应该给他多少股权？

很多的创始人在面对这种情况时，都觉得这是天赐良机，可千万不能错过，股权给少了显得自己不大气，然后大手一挥，就给了对方百分之二三十的股权。

结果，理想很丰满，现实却啪啪"打脸"，产品生产出来了才发现，这个人所说的市场资源是他跟人家很熟，人家根本不认识他，产品靠他根本卖不出去。但是这个时候股权已经给出去了，再想要回来就没那么容易了。

在股权分配的过程中，尤其是针对特定的需求而引入的股东，最好不要按照对他的期望来给股权，而是要根据他对公司的实际贡献来分配股权。

比如，对于号称具备市场资源的股东，不是根据他所说的"关系”而评估其所具有的价值，而是根据他实实在在带来的项目合同来换算成相应的股权比例。对于具备技术能力的股东，可以制定一些研发的关键里程碑式的节点，如果节点任务完成了，再分给他一定量的股权。

三、没有设计动态调整机制

公司在不同的发展阶段，所需要的资源是不一样的。公司刚设立的时候，能不能研发出合格的产品最为重要，所以负责技术的人地位最高。当公司完成了样机生产，开始进入批量生产的阶段，负责生产线建设的人地位最重要。等到产品量产的问题解决了，可能市场营销的工作又会成为公司发展的重心。

同样的人，在不同的时期对于公司的贡献度也不一样，公司的创始元老，在公司设立初期确实为公司开疆拓土立下了汗马功劳，但是等到公司发展了十几年，进入了另一个需要转型变革的时期，就需要让年青一代的人接手公司的管理权。

很多公司实行的是“静态”的股权分配机制，就很容易造成公司当下的股权结构与公司的发展现状不匹配，“老股东”躺在股权簿上坐享其成，而新的奋斗者不能够享受到公司发展的成果，也就失去了奋斗的动力。

这里说的“静态”股权分配，并不是说公司的股权一成不变，而是在分股权的时候，没有提前制定好动态调整的机制，等到问题出现了，才去跟原来的股东商量怎么来进行调整，困难当然就会非常大。

举个例子。公司引入了一个能力很强的首席执行官（chief executive officer，CEO），同时给了他 20% 的股权，但是在给这个股权的时候就同时约定好，等哪天他从 CEO 的位子上退下来，需要把这 20% 股权的一部分，比如 15% 转让给新的 CEO。当然，为了对他任职期间取得的成果进行奖励，转让的价格可以按照转让时的公司市场价值计算。

如果这个约定是在给他股权的时候就约定好的，等到哪一天他真的离任了，就得按照当初的约定来退还股权，即便他心里不愿意，有白纸黑字的协议进行约束，他也只能按照协议来执行。

但是如果最初给股权的时候没有这个约定，等到他退位了，又想把这个股权给收回来，这位 CEO 心里难免会觉得公司有点过河拆桥。即便他同意退股了，以什么价格退，以什么方式退，怎么商量出一个双方满意的结果，也会是一个漫长艰难的谈判过程。

延伸阅读 创始人为何被自己创立的公司踢出局

资本市场从来都不缺少争权夺利的戏码。而劳苦功高的企业创

① 参见苏龙飞：《股权战争》，中国法制出版社 2019 年版，第 387~410 页。

始人，被迫离开自己一手创立起来的公司，就是其中的重头戏。曾经的万科、俏江南、太子奶、饿了么、雷士照明，以及国外的苹果、优步（Uber），类似的故事一再上演。发生在2001年的王志东被解雇，便是其中的一个典型案例。

为什么我们要了解这件发生在二十多年前的“陈年旧事”呢？有三个理由：

第一，新浪今天的声望地位虽然不能跟“BATJ”（百度、阿里巴巴、腾讯、京东）相比，但是在当年，它可是第一家登陆纳斯达克上市的中国互联网公司，是互联网公司中的排头兵，也是国内企业第一次与国际资本市场亲密接触的开拓者。

第二，现在境内企业去境外上市普遍采用的VIE（协议控制）架构，就是新浪当时为了实现境外上市而发明的，这个架构也成了后来境内企业去境外上市的标准操作。

第三，创始人被自己创立的公司解雇，在当时的国内是个新事物，甚至引发了媒体关于“英雄本色对抗资本意志”的大讨论。更让人没有想到的是，王志东被解雇之后的应对方式，生生把自己逼入绝境，客观上也起到了向大众普及现代公司治理知识的效果。

一、新浪的诞生

1993年，已经在中关村颇有名气的技术小能手王志东，创立了四通利方公司，也就是新浪的前身。但由于自己的资金有限，公司的注册资金来自四通集团的投资。当时，王志东就设立公司的事情向四通集团的董事长段永基提出了四个条件：第一，投资额不少于500万港币；第二，王志东担任总经理，公司的一切事务都由总经理说了算，四通集团不能直接干涉；第三，必须给技术和管理团队一定的股权；第四，不管赚不赚钱，公司都只能做高科技的东西。

这个当时看起来非常苛刻的条件，意外地得到了段永基的认可。四通利方就这样设立了，王志东在其中拥有20%左右的股权。

虽然在四通利方中，王志东拥有了实际的管理权，但是从公司治理的角度看，王志东在股东会层面上的控制权是非常弱的，一旦发生资产重组，引入新的股东，他的地位就很可能不保。

1998年，四通利方与北美华人网站华渊网进行合并，合并后的公司网站也改成了新浪网。因为华渊网当时已经是一个成型的门户网站，在管理和运营上都相较四通利方更成熟，而王志东当时的资历还不足以掌控整个公司，所以合并后的公司里，公司董事长由华渊方面的姜丰年出任，CEO由外聘的职业经理人沙正治担任，王志东担任公司总裁，一年之后才接替沙正治成为公司的CEO。

二、登陆纳斯达克

1999年，新浪在推动公司去纳斯达克上市的过程中遇到了一个政策障碍，新浪所从事的互联网内容服务属于电信增值业务，根据规定公司不能有国外的投资者。信息产业部要求，新浪的股权结构必须要进行调整。

于是，新浪向信息产业部（现为工业和信息化部）提交了公司的重组方案。新浪将公司的互联网内容服务业务单独剥离出来，成立一个纯内资公司。这个公司由王志东和汪延（互联网业务负责人）以自然人身份持股。原来的新浪公司与这个内资公司之间签署一系列的控制协议，包括软件技术服务、顾问服务、表决权代理、股权质押等，单纯从股权结构上看，两家公司没有任何的关系，但内资公司的权利和责任通过协议间接地由原新浪公司所享有。新浪公司在国外申请上市的时候，可以认为内资公司是新浪公司的全资子公司。

这个方案最终得到了信息产业部的认可，从而打通了国内互联网企业到境外上市的政策障碍。这种架构就是后来大名鼎鼎的“协议控制”模式。因为新浪在其中的贡献，这种模式曾一度被称为是“新浪模式”，后来去美国上市的中国公司，像百度、腾讯、阿里巴巴、京东、新东方等，全部都是按照这种方式进行操作的。

2000 年 4 月，新浪在纳斯达克成功上市。王志东也随之成为当时互联网界乃至整个企业界的明星人物，可王志东想不到的是，一年之后自己就被罢免了首席执行官的职务。

三、王志东被炒

争取公司上市是一家公司发展中的重要里程碑，但上市成功并不是像童话故事讲的那样“从此过上了幸福美好的生活”，而是要面临新的挑战，这个挑战甚至比上市之前更为严峻。

上市之后的新浪不仅没有实现盈利，股价还一直下跌。不管是股东会、董事会，还是首席执行官王志东，都想要找到一条让公司快速发展的路，但是在具体的战略方向上，董事会和王志东产生了分歧。

董事会希望公司朝着门户网站的方向发展，而王志东身为一名“技术控”，希望将新浪打造成一家软件公司。在王志东看来，门户网站只是新浪暂时的“港湾”，后台的控制系统才是它永远的“家”。

身为首席执行官的王志东，一方面不能完全无视董事会的意见，另一方面也不愿意放弃自己的目标。权衡之下，他提出了将公司一分为三的改革方案：将新浪拆成三家公司，一家媒体公司、一家软件公司、一家广告公司，并按照这个设定开始进行组织架构和人事调整。

这个当然不是董事会愿意得到的答案，与王志东提出拆分公司的方案不一样，董事会想到的解决分歧的办法很简单，就是把王志东这个 CEO 换掉。

2001 年 6 月 1 日，新浪召开半年度董事会会议，其中的一个议题，就是罢免王志东的 CEO 职务。在表决的时候，王志东作为利益相关者被要求回避，董事长姜丰年投了弃权票，其余董事全部投了赞成票，包括最初支持他创业的段永基。而直到这个时候，作为董事和 CEO 的王志东还不知道当天的董事会中有罢免他 CEO 职务的议题。

当董事长姜丰年把这个决定告诉王志东的时候，毫无准备的王志东很难接受这个事实，他想不明白自己作为新浪的创始人，怎么说被免就被免了呢？他甚至认为新浪离了他很难继续运转下去。

但是，毕竟董事会决议已定，虽然心里一万个不愿意，他还是在表面上接受了这个现实。

不过，接下来媒体和舆论的反应，又让王志东看到了一线生机。

2001 年 6 月 3 日，董事会对外发布公告，称王志东不再担任新浪 CEO，理由是“因个人原因辞职”。而这个“个人原因”的说法却没有被媒体接受，在舆论中，王志东被描述成了一个被资本无情伤害的“受害者”模样。

在当时的中国商业文化里面，创始人就等于公司的实际控制人，公司不管赚了赔了，都应该是属于创始人的，投资人把钱投到了公司里，收取一定的回报是理所应当的，但是把公司创始人都给踢出局，超出了当时人们对于投资人的理解。

面对网上一片支持自己的声音，王志东动心了，觉得自己是“民心所向”，想利用舆论的力量重新夺回对新浪的控制权。于是6月25日，王志东召开了一个新闻发布会，在这个发布会上，王志东表达了以下几个意思：第一，他根本没有主动提出过辞职，董事会解除他职务的事情他压根就不知情，也没有收到过任何通知。第二，新浪是他一手建立起来的，没有他就没有新浪的今天，他不明白董事会为什么要这么对他，作为新浪网的股东，他有权要求董事会作出解释，他也已经找了律师研究这个问题。第三，新浪网现在正是困难时期，他不能坐视不管，他会与新浪网一起，面对困难，勇往直前，请大家支持他。

王志东的这个举动把董事会也惹恼了，站在董事会立场，之前说王志东“因个人原因辞职”是给他留面子，结果他不但不领情还落井下石，这就不能怪董事会不客气了。于是董事长姜丰年紧急召开记者会，宣布王志东是被董事会罢免的，这个结论是董事会研究决定的，过程完全符合公司章程的规定，而且董事会也与王志东进行过沟通，还给了王志东相当丰厚的离职补偿。四通的段永基也公开进行了回应，措辞严厉地指责王志东。

随后，新浪网再次发布了一则正式公告：“经公司董事会一致决定，王志东已被终止公司总裁、CEO及董事职务。”“个人原因”换成了“组织决定”。

公告一出，媒体的态度也发生了180度大逆转，原本被媒体称为“受害者”的王志东，变成了不遵守公司治理规则的管理者，只能黯然离场。

四、启发与思考

之所以分享这个案例，不是想批评指责谁，也不是想说创始人永远留在公司就是绝对正确的，有一些公司在创始人离开公司后反而获得了更好的发展。

公司治理的核心，是参与者的契约意识，是对规则的尊重。董事会对王志东的业绩作出评价是其职责所在，解聘王志东是其合法权力，王志东不接受这个结果，甚至试图裹挟“民意”来要挟董事会，体现出他当时契约意识的淡薄。而我们学习公司治理，也是要努力设计出相对完善的制度，用制度来规范行为，用制度激发人本身的善意。

第三章

股东

第1节

上任

股东上任三把火

股东作为一个公司的创立者，拥有公司的“生杀大权”，股东愿意出资，公司才可以成立。股东不想让公司继续经营了，公司就得解散。不过，股东的权利也不是无限大，细数起来，股东的主要权利就三条：享有资产收益，参与重大决策，以及选择管理者。

一、享有资产收益

股东投资公司的目的是什么？有一些股东投资的目的，是做公益造福社会，也有少数的投资者，投资只是想花钱买个教训。但对于广大的普通投资者来说，把辛苦赚来的钱投入公司，主要是想获得投资收益，这也是股东的第一种权利。

股东通过投资赚钱，是身为股东最基本的权利。虽然赚钱的愿望是无限大的，但是股东赚取收益的方式却是有限的，总结下来无外乎以下三种。

（一）分红

第一种，最普遍的，也是最容易操作的，是获得公司的利润分红。

公司可以把赚来的利润分给股东，不过这个分红也不是股东想怎么分就怎么分，必须要经过一定的程序，也不是公司全部的利润都可以用来向股东进行分配。假如把公司的总利润当作一个大蛋糕，首先得切出一部分来交税，交完税后得到净利润。然后再看看以前年度有没有未弥补的亏损，如果有，得先把亏损补上。然后再切出两部分用于公司未来建设的储蓄，其中一部分叫法定公积金，比例是固定的（税后利润的 10%），另一部分叫任意盈余公积金，比例可以由公司自己来决定。最后剩下来的利润才可以向股东进行分配，至于这些可分配的利润是全部分给股东，还是只拿出一小部分来分给股东，或者暂时先不进行分配，就由股东自己来决定了。

那是不是公司分红越多，股东获得的利益就越大？公司分红越多，确实股东当下拿到手的钱就越多，短期内的收益会比较大。但是从另一个角度分析，公司分红越多，留在公司用于未来建设的钱就越少，公司未来取得突破性发展的机会也就越小，相应地，公司的估值水平就不会太高，股东手里所持的股权价值也会受到影响。所以，公司分红太多股东获得的综合收益反而可能不是最大的。

现实中有很多这样的例子，公司上市之后很多年没有分红，因为公司赚的钱全部投在了新的项目上，公司的管理者向投资者描绘了一个美好的发展未来，公司的股价也处在一个相对较高的水平。等到公司开始大量分红了，市场对于公司未来发展的想象空间变小，股价反而停止了增长，甚至开始下跌。最后一算账，分红拿到手的那些钱，都没有因股价下跌受到的损失多。

（二）股权转让

股东获得资产收益的第二种方式，是通过转让股权获利。

通过转让股权获利的典型场景，就是买卖股票，低价买入，高价卖出，从中赚取差价。影响股权转让获利的两个重要因素是公司的估值和股权的流动性。

公司的估值是决定投资能不能赚钱的最主要的因素，而估值的高低又受到公司的业务以及市场环境等诸多因素的影响。通常情况下，估值与业务的发展呈现正相关的关系，业务发展好估值就高，业务发展不好估值就低。当然市场的因素也很重要，如果整个市场的环境比较低迷，甚至是遭遇了金融危机，哪怕公司业务发展很好，估值也可能会随着大盘而下跌。

但是，就算公司估值再高，股权卖不出去也不行，这也就是俗称的“有价无市”。之所以很多投资者都愿意自己投资的公司能够上市，一个重要原因就是与非上市公司相比，上市公司股权的流动性会好得多，想卖股权的时候能够方便地卖出去，也就是特别容易“套现”。

（三）剩余财产分配

股东获得资产收益的第三种方式，是参与公司剩余财产分配。一家公司所有的财产，可以分成两部分，一部分是公司借来的，叫负债，另一部分是属于股东的，叫所有者权益。当一家公司经营期限届满，或者股东决定把公司解散，公司还完债之后剩下的资产，就可以给股东进行分配。

一个公司走到解散这一步，往往是出于无奈，或者是公司经营遇到了困难，难以为继，或者是股东之间发生了纠纷，难以协调。而很可能在此之前，公司就已经进入了非正常经营的状态，所以，股东通过获得剩余财产赚到丰厚利润的可能性是非常小的，只能是降低一些投资损失罢了。

二、参与重大决策

股东的第二项权利是参与公司的重大决策。

什么事情属于公司的重大决策呢？公司要花钱买辆车算不算重大决策？公司要增加一个部门算不算重大决策？公司要新聘一个技术总监、开除一个保安算不算重大决策？

如果公司的某个股东认为一个事情属于重大决策，但是其他的股东却不这么认为，该怎么判断？

理论上讲，只要股东愿意，所有的事情都可以作为重大决策来由股东决定。如果股东之间对于一件事情属不属于重大决策意见不一致，可以先召开股东会会议来讨论一下要不要把它定为重大决策。

但是这样一来，就可能引发两个问题：第一，公司的事情千头万绪，所有的事情都由股东决定，效率将会非常低，尤其是对于一些大型公司，股东人数很多，通知所有股东来开一次会议不容易，时间上也不允许；第二，公司股东会下面还有董事会，董事会下面还有高管层，如果所有事情都由股东决定，这些机构就形同虚设了。

所以，为了避免这样的情况发生，《公司法》对于需要股东决策的事项有一个框定的范围，虽然各个公司可以在这个范围的基础上再增加其他事项，但总体上看，需要股东决策的重大事项主要涉及以下四个方面：

第一，公司运行的基本规则，如公司章程的订立和修改等。

第二，公司主体本身发生的重大变化，如公司合并、分立、解散、清算、变更形式、增加或减少注册资本等。

第三，与股东利益直接相关的事项，如利润分配等。

第四，决定由谁来替自己管理公司，并对他们进行考核监督。如选择公司的董事、监事，听取董事会和监事会的报告，决策董事、监事的薪酬等。

你可能会问，一个人买了上市公司的股票，就是上市公司的股东了，那他是不是也拥有上面的这些权力呢？作为一个普通的股东没觉得自己能够影响上市公司的决策啊。那是因为一家公司的股东数，从一个人到几千几万人都有可能，你有权力，别的股东也有权力，如果每个股东都直接向公司发号施令，公司就乱套了。

所以，股东的权力只能通过股东会来行使，股东会先形成一个统一的意见，再把这个意见传递给公司的董事会，由董事会负责执行。作为股东，你可以在股东会上面发表你的意见，至于你的意见能不能影响决议的结果，要看你的持股比例有多大，以及与你持相同意见的股东有多少。

不过，不管股权比例有多大，行使权力的基础是得有机会参加股东会会议，而参会的前提是得知道股东会会议的开会时间和地点，以及讨论议题的内容。所以，股东参与公司重大决策的权力基础，是拥有对公司基本情况的知情权，以及参加股东会会议的被通知权、参会权和表决权。

如果公司的某一个小股东持股比例很小，参不参会都不会影响股东会会议的决议结果，还有必要每次都通知他来参会吗？

比如，一家公司有三个股东，甲持有公司 51% 的股权，乙持有公司 34% 的股权，甲和乙都在公司任职，还有一个小股东丙持有公司 15% 的股权，是外部股东。公司现在想召开股东会会议审议选举董事的议题，按照公司章程的规定，这个议题只要超过半数表决权的股东同意即可通过。甲就想，反正丙参不参会都不影响最终的结果，就不麻烦他跑一趟了，于是就计划不通知丙来参会了。

这样的操作肯定是不行的，参加股东会会议是丙作为股东的一项权利，公司通知了他没来，会议可以照常开，但是公司如果没有通知丙，这个决议是很可能会因为程序不合规而被撤销的。

三、选择管理者

股东的第三项权利，就是选择公司的管理者。这里所说的管理者，指的是直接归股东会管理的公司董事和监事，不包括职工选举出来的职工董事和职工监事，也不包括公司总经理、副总经理这些高级管理者以及高级管理者以下的人员。

在公司治理体系中，选择管理者的一般规则是上一层级决定直接下级的人选。股东会决定董事人选，董事会决定总经理人选，并根据总经理的提名决定副总经理、财务负责人等高级管理人员的人选。高管层决定各个业务部门的人选。

如果你是一个业务部门的小职员，理论上，即使是公司的董事长，他也没有聘任和罢免你的直接权力。但是，这并不意味着你就可以直接对抗董事长了，因为理论和实践之间，存在很长的过渡地段，董事长虽然不能直接罢免你，但是他可以影响董事会，董事会可以影响总经理，总经理可以影响部门负责人，部门负责人可以决定你的去留。所以，如果董事长想开除你，根本不用自己动手，总经理如果连这个也办不好，那比你先离开的，就是公司总经理了。

第 2 节

正名

真假股东现形记

行使股东权利的基础，是得先成为公司的股东。不过，有时候你觉得自己已经是公司的股东了，别人却不承认；有时候你自己觉得已经退出股东的队伍了，别人却还要你承担股东的责任。到底要怎么样才能证明一个人具备股东资格？在回答这个问题之前，我们先来看一下，获得股东资格的方式都有哪些。

一、获得股东资格的三种方式

不管是独闯市场的个人，还是“背靠大山”的法人组织，要想获得股东资格主要有三种方式：向公司投资获得股权，购买别人手中持有的股权，以及通过继承获得股权。

（一）向公司投资获得股权

投资者向公司进行股权投资，可以是参与公司的设立，成为公司的创始股东，也可以是参与公司增资，获得增资部分的股权。

在这种情况下，投资者获得股东资格只需要满足两个条件：一个条件是从投资者的角度，投资者明确表示自己愿意投资公司，承担出资责任与投资风险，确定了自己的投资方式和投资金额，订立了出资协议或者公司章程。另一个条件是从其他股东的角度，其他股东愿意接受这个投资者的投资，比如公司出具了相应的股东会决议，或者其他股东与投资者签署了投资协议。

对于实行认缴制的公司，在约定的最后缴纳期限到期前，投资者的投资款有没有实际缴纳，不会影响投资者获得股东资格。

（二）购买别人手中持有的股权

通过交易所购买别人手中的股票，你可以成为上市公司的股东，这就是通过购买股权获得了股东的资格。对于还没有上市的公司，新的投资者需要和原来的股东一对一地签署股权转让协议。新投资者获得股东资格也需要满足两个条件：一个条件是投资者和原股东之间就股权转让事项达成了一致意见，签署了股权转让协议。另一个条件是双方约定的股权变动生效条件已经成立。只要股权变动的条件满足，不管公司登记机关有没有做股东变更登记，都不影响新投资者获得股东资格。

（三）通过继承获得股权

这世上除了“富二代”和“拆二代”，也有“股二代”，公司原来持有股权的自然人股东去世，股权作为一种遗产就由他的继承人来享有。不过，对于有限责任公司，如果公司章程中有特别的约定，比如股权不能继承，或者继承前需要满足一些前提条件，则需要按照公司章程的约定来处理。

二、证明股东资格的条件

证明自己的公民身份可以用身份证，证明工作身份可以用工作证，证明有限责任公司股东身份[①]可以用四个证明：出资证明书、股东名册、公司章程和市场监督管理部门登记信息，这四个证明哪一个最有效呢？

（一）出资证明书

出资证明书，是证明股东已经完成出资的凭证，由有限责任公司制作，交由股东自己来保管。一份出资证明书起码要包括三个方面的内容：一是公司的基本信息，包括公司的名称、成立日期和注册资本，用来证明股东所出资的公司是谁。二是股东的基本信息，包括股东的姓名或者名称、认缴出资额、已经实际缴纳的出资额、出资方式，以及

① 本部分以有限责任公司的情况进行说明，对于股份公司的情况，逻辑是类似的，但是在具体的证明材料上会有所差别，比如股份公司没有出资证明书，只有股票，对于一般股东（发起人以外的股东）的信息不在公司章程中体现，股东变动也不用去公司登记机关进行变更登记。

出资的具体时间。三是出资证明书的特别信息，包括出资证明书的编号和核发日期。每一张出资证明书的编号都不一样，这样便于出资证明书的管理和防伪。

仅有出资证明书，是不能证明一个人拥有股东资格的。因为出资证明书，是由股东自己来保管的。虽然在理论上，只要股东的出资情况有变化，或者股权发生了转让，公司就应该把原来的出资证明书收回，再按照新的情况换发新的出资证明书。但是在很多情况下，出资证明书更换的速度跟不上股东变化的速度，比如有的股东把股权转让了，但是原来的出资证明书自己还一直保留着，公司也没有强制收回。或者公司根本就没有给所有的股东出具出资证明书。所以，实际的股东信息和出资证明书上所写的股东信息，可能会出现偏差。

（二）股东名册

股东名册是存放在公司里面的，顾名思义，就是记载了公司所有股东名单的册子。一份股东名册起码包含两个方面的内容：一是股东的基本信息，包括股东的姓名或名称、住所、认缴和实缴的出资额、出资方式和出资日期。二是这个股东所对应的出资证明书的编号，以及取得和丧失股东资格的日期，如果一个股东有不只一份出资证明书，需要把所有的编号都写上。因为股东名册本身就是放在公司里面的，所以上面没有要求必须写公司的信息。

股东名册和出资证明书，从逻辑上看，是汇总表和明细表的关系，两者的区别主要在于以下几个方面：

第一是持有人不同。出资证明书由股东自己保管，记载的是与这一个股东相关的信息，而股东名册是由公司保管，包含了公司所有股东的信息。

第二是效力范围不同。《公司法》规定，记载于股东名册的股东，可以依股东名册主张行使股东权利，而出资证明书不具有这样的效力。

仅依靠股东名册，也不能证明一个人拥有股东资格。比如，一个股东刚刚把股权转让给其他人，股权转让的协议已经生效，而此时股东名册还没有进行更新。这种情况下，原来的股东想仅仅依靠股东名册来行使股东权利，是不会得到支持的。

（三）公司章程

有限责任公司的公司章程中，会记载公司的注册资本，股东的名称、出资方式、出资额和出资时间。

公司在设立时，公司章程需要全部股东签字盖章确认，并在公司登记机关进行备案。公司设立后，只要股东的信息有变动，都应该相应地修改公司章程并到登记机关进行备案。所以，公司章程可以作为证明股东资格的重要文件。

不过，与前面的情况一样，公司章程的信息也具有滞后性，同样不能独立地作为认定股东资格的依据。

（四）市场监督管理部门登记信息

任何人都可以通过公司登记机关查询到一个有限责任公司股东的出资信息，上面的信息能不能直接证明股东资格呢？

按照规定，有限责任公司应该及时向公司登记机关登记公司的股东信息，不过，这个登记只是一种公示，加上登记同样有滞后性，所以登记信息也不能作为认定股东资格的绝对依据。

综合上述分析，在证明股东资格这件事情上，没有哪一个证据是绝对可靠的。我们应该本着实质重于形式的原则来进行判断。证明一个人拥有股东资格的基础是他履行了股东的义务。出资证明书、股东名册、公司章程和市场监督管理部门登记信息，都是证明股东资格的重要依据，但是我们不能因为其中的某一个依据，就认定某个人具有股东的资格，而是需要几种材料互相佐证，有时候还需要借助其他的材料，比如银行转账单，才能最终证明他的股东资格。

三、证明不具有股东资格的条件

履行了股东的义务，就可以享受相应的股东权利，反过来，享受了股东的权利，也必须要承担股东的义务。

有一个真实的案例，一家公司欠了债主很多钱，因为公司的股东也有责任，所以债主向法院提出申请，要求公司的股东一起承担连带赔偿责任。这个时候，其中一个股东向法院说明，自己的股东身份是被冒名登记的，自己根本不知情。随后，公司也承认这个股东所说的情况是事实。那这个股东可以直接退出，而不承担股东责任吗？

你可能会觉得，既然公司自己也承认了，那看来确实是真的，股东资格可以退出。

但是有没有可能是公司也一起说谎呢？站在公司的角度想一下，公司现在已经欠了债主很多钱，以公司现在的资产难以偿还，公司最坏的结果就是破产清算，不管股东承不承担连带赔偿责任，公司都不会有更多的损失。所以，公司是有动力替股东掩饰的，毕竟这样还能给股东送一个大人情。

所以，法院并没有马上接受股东和公司的这个说法，而是让股东提供证据，证明他的股东信息是被冒名登记的。否则，股东的责任就依然要承担。而案件的最后，股东也没有拿出证据来，故承担了连带赔偿责任。

第3节

关联

实际控制人与关联关系

一家公司里面到底由谁说了算？要回答这个问题，我们需要先理清楚公司的决策程序。如前所述，公司的重大决策由股东会决定，不那么重大的决策由董事会或者高级管理者决定。而公司的高级管理者由董事会选举产生，董事又由股东会选举产生。这么一层层梳理下来，股东会是所有权力的源头。所以，可以说，“得股东会者得公司控制权”。现在的问题就是：股东会上谁说了算？

一、控股股东与实际控制人

前面章节提到过，股东会要形成决定，要少数服从多数。这个“多数”指的不是股东的个数，而是股东所拥有的股权数[①]。只要股东拥有的股权足够多，哪怕整个股东会会议只有他一个人同意，这个议案也能通过，这样的股东就被称为控股股东。

（一）控股股东

股东的持股比例达到多少才能坐上控股股东的“宝座”？一般来说，股东在公司的持股比例超过 50%，就可以被认证为公司的控股股东了。无论多大的公司，股权的总数都只有 100%，一个股东占比超过 50%，那就是公司的最大股东，没有之一，其他所有股东所持有的股权加起来也就没有大股东的股权多。对于一般的普通事项，比如，董事的选聘，超过 50% 的表决权同意就可以通过，也就是说

① 我们的分析基础是股权与表决权相同的情况。

只要大股东说行，这个事儿就能行。而对于需要 2/3 以上表决权通过的特别事项，大股东依然有控制权，就好比大股东和小股东同开一辆车，小股东最多也就能控制一下刹车，方向盘则握在大股东的手中。

如果公司的股权结构相对比较分散，除了大股东以外，其余股东的持股比例都很少，很难联合起来对抗大股东，那即使大股东的持股比例没到 50%，依然可以被认定为公司的控股股东。

比如，有一些上市公司，大股东的持股比例只有 30%，甚至低于 15%，依然可以被认定为控股股东。因为很多上市公司的小股东是不会去参加股东会会议并进行表决的，而上市公司在计算表决权的时候，只考虑来参会的股东，对于不来参会的股东不算在基数里面。假如一家上市公司的大股东持股比例是 30%，而有一半表决权的股东不来参会，那大股东在股东会上的表决权就会占到 60%，这个控股股东的称号是当之无愧的。

不过，控股股东不一定就是公司持股比例最大的股东。有一些股东虽然表面的持股比例不高，但实际拥有的表决权却挺高。比如，按照持股比例看只是排第二的股东，通过与其他股东签署一致行动人协议或表决权委托协议，实际拥有的表决权超过了排名第一的股东，那他在股东会上就拥有了实质的决定权。所以，判断控股股东，不能只看表面上的持股比例，而要看他所实际拥有的表决权比例。

当然，确实也存在持股比例最大的大股东，不拥有公司控制权的情况。比如，两个大股东所持有的股权比例相同，都是 50%，谁也赢不了谁，这种情况我们在前面第二章已经分析过，很容易爆发控制权争夺战。还有另一种情况是大股东所持有的股权比例太低，可能也只有个位数，这种情况在国外的公司中情况比较普遍，会被认为公司不存在控股股东，董事会就是公司控制权的核心。

（二）实际控制人

现在我们知道，控股股东是公司（为了表述方便，我们称它为目标公司）的掌控者，如果控股股东是一个自然人，而且他自己可以说了算，那他就是那个实际可以控制目标公司的人。可如果这个控股股东是一个公司（称为父公司），这个父公司也会有一个控股股东，而如果父公司的控股股东依然是一个公司，实际能够控制目标公司的主体就还需要再往上追溯，一直追溯到控股股东是一个自然人，或者是其他不受外部控制的主体，才算是找到了实际能够控制目标公司的主体，这个主体就是公司的实际控制人。

公司的实际控制人，就是能够实际支配公司行为的人，这个人上面不能再有其他的控制主体。一般来说，实际控制人只有三种类型：第一类是自然人；第二类是国有资产管理部门，比如，国务院国资委及地方国资委；第三类是各级人民政府、其他部委、村民委员会、集体企业等其他组织。

公司的控股股东，可能不是公司的实际控制人，公司的实际控制人也不一定是公司的股东，甚至跟公司没有股权上的关系，而是通过资金、生产经营、原材料购置、产品销售来实现对目标公司的控制。比如，目标公司的资金大部分需要靠另一方来提供，目标公司的生产经营必须要另一方提供特殊许可，目标公司的购买或销售活动主要由另一方控制等。在这些情况下，判断公司的控制权，就不能仅看股权结构和股东会上的表决权，而是要根据公司的实际经营情况来综合判断。

综合上面的分析，判断公司的实际控制人，首先要考虑的就是股权投资关系，找到那个能够实际控制公司股东会决策的主体。但同时，也要考虑各项协议约定、资金使用、资产收益、生产条件、购销路径等因素对公司控制权的影响。

二、关联关系

另一个与公司的控制权直接相关，而且可能对公司的利益产生重大影响的因素，是公司的关联关系。关联关系一直是公司治理监管过程中重点关注的一项内容。我们通过一个真实的案例，来看一下关联关系是怎么影响公司利益的。

有一家上市公司托普软件（目标公司），1997 年亏损 2010 万元，1998 年，托普发展收购了它，成为它的母公司，收购完成后，母公司马上就做了三件事：

第一件事，母公司将自己最赚钱的业务纳入目标公司的核算范围；

第二件事，把目标公司的闲置资产高价卖给母公司的关联企业；

第三件事，让目标公司投资母公司的关联企业，从而获得高额投资收益。

三件事情做完，马上就看到了效果。目标公司在被收购当年就实现净利润 2936 万元，第二年更是实现净利润 5751 万元。

当然，母公司费这么大精力做这些事情可不是真的想把目标公司发展好，而是另有所图。等到目标公司指标做上去了，母公司马上利用目标公司进行融资，因为目标公司表面效益很好，估值很高，于是在市场上融了很多钱。然后，母公司的真实目的就开始暴露了，母公司通过大量关联交易将目标公司融来的资金转移给母公司及关联企业，同时利用目标公司的信用为母公司的关联企业提供贷款担保。没过多久，目标公司业绩开始大幅下滑。到 2005 年，目标公司托普软件股票成为沪深 A 股中唯一一只股价低于 1 元的股票。母公司把“一地鸡毛”留给目标公司，却把大量资金让关联企业带走。

这个就是利用关联企业操纵市场的一个典型例子，控股股东利用关联交易改变目标公司的业绩指标，然后又利用关联交易把目标公司的资产进行转移。我们关注关联关系，主要就是要防止公司中拥有经营管理权的人，利用自己的权力来损害公司的利益。

那一家公司里面，什么人拥有对公司的经营管理权，或者能够对经营管理决策产生重大的影响呢？就是公司的控股股东、实际控制人、董事、监事和高级管理人员，公司与这些人控制的企业之间的关系，就是关联关系。关联关系之间所形成的交易，就是关联交易，包括购买或销售商品、提供或接受劳务、提供担保、资金、租赁等。

关联交易并不是被法律禁止的。实际上，在公司设立之初，关联交易对公司能不能活下来可能非常重要。比如，海底捞的兄弟公司颐海国际，成立之初的主要业务就是为海底捞生产火锅底料。当时的颐海国际都不是存在关联交易，而是除了关联交易就基本没有什么其他的交易了。但是等到颐海国际在市场上站稳了脚跟，它的业务就不局限于服务海底捞了，到了 2016 年，来自海底捞的收入占颐海国际总收入的比重就只有百分之五六十了。2020 年因为疫情的影响，海底捞上半年就亏损了将近 10 亿元，而同一时期，颐海国际营业收入同比增长了 34%，净利润同比增长了 53%，达到了四个多亿。

所以，并不是所有的关联交易都对公司有害。公司要做的，是要多进行那些对公司有利的关联交易，严格控制那些有害的关联交易。为了做到这一点，对于关联交易的决策审批就要特别严格，需要经过董事会或者股东会审议，而且在表决的时候，利益相关的股东及董事需要回避表决，由没有关联关系的其他股东或董事来决定这个交易要不要继续做。

第 4 节

退出

自己的股权为什么不能随意转让

股东买了公司的股权就好像养了一只母鸡，获得收益的方式一般有三种：等母鸡下蛋了吃鸡蛋（分红），把母鸡宰了吃鸡肉（分配剩余资产），或者把母鸡卖个好价钱（转让股权），用卖来的钱去饭店想吃啥买点啥。这三种方式里面，鸡什么时候下蛋不确定性很大，把鸡宰了是最后的无奈之举，轻易不能尝试。剩下的方式，也是常用到的方式，就是卖鸡换钱。对应到公司里面，就是转让股权。

不过，股权虽然是股东的资产，但是这个资产跟别的资产不一样，不是股东想卖就能卖。因为有限公司和股份公司的性质不同，股权转让方面的限制也不一样，这一节就分别来进行分析。

一、有限公司股权转让限制

有限公司的一个基本特征是“人合性”，即股东之间情义比较深。有限公司股东转让股权，既要尽量保护股东的良好合作关系，又得承认股东拥有资产处置的权利，这两个原则就是处理有限公司股东股权转让的核心原则。

（一）转给公司的其他股东

如果你是有限公司的股东，你想把股权转给公司现在的其他股东，你的转让行为不会引入新的股东，不会影响股东之间的关系，所以这个转让你不用征得其他人的同意，可以直接转让。

（二）转给公司以外的投资者

如果你想转让的对象是公司以外的投资者，这个新投资者进入公司之后，跟其他的股东能不能很好地合作是存在不确定性的，股权转让的行为可能会破坏股东之间的良好关系，所以这个程序就会比较复杂了，要想达成交易，你需要问一问其他股东的意见。

你要将股权转让的数量、价格、支付方式和期限通知其他股东，而且还必须使用书面的正式通知。其他股东享有一项权利，叫“优先购买权”，也就是在转让的条件相同的情况下，公司现在的股东会排在外部投资者的前面，拥有优先购买你所出售股权的权利。

“优先购买权”是公司现有股东的一项权利，既然是权利，那股东就可以用，也可以不用。如果其他股东全部放弃使用这个权利，你就可以把这个股权卖给别人了。

如果有股东愿意行使这个权利，那你就需要把这个股权转让给愿意买的股东，如果愿意买的股东有好几个，那几个股东可以自己商量每个人买多少，商量不成的就按照出资比例来分配。

那如果其他股东就是不给回复，不说买也不说不买怎么办？

这个问题，制定法律的人已经帮你想到了。征求意见的函发给股东后，如果超过 30 日没有回复，就可以视为这个股东放弃了“优先购买权”。

有些股东的态度是“我想买，但是我没钱”，也有一些股东就是故意想给你制造障碍，嘴里说的买买买，就是迟迟不下单。那你是不是就要这么一直无限期地等下去呢？

这个问题，制定法律的人也帮你想到了。主张行使优先购买权的股东，需要在公司章程规定的时间内完成购买，如果公司章程没有规定的，行使期间为30日，超过30日还没购买，视为放弃优先购买权。

在原《公司法》中，股东向股东以外的人转让股权，需要先征求其他股东是否同意这个转让行为，如果同意转让，再征求其他股东是否行使“优先购买权”。因为法律有规定，不同意转让的股东需要自己购买这个股权，所以征得其他股东同意在股权转让中实在没必要，实际上是在重复决策。新的《公司法》优化了转让的流程，更加有利于促进股权的流转，保障股东转让股权的权益。

除了正常转让股权之外，自然人股东离婚分割财产，法人股东分立成两个公司想要把股权转让给分立后的新公司，隐名股东想要显名化接收原显名股东的股权，实质上都等同于股权转让，都需要遵守有限公司股权转让的规定。

二、股份公司股权转让限制

股份公司的基本特征是“资合性”，即对于由谁来当股东没有过多的要求，不强调公司股东之间的良好关系。但是因为股份公司的股东很多是社会上的投资者，尤其是上市公司，股东的数量大，涉及的范围广。所以，股份公司股权转让的基本原则，是不能损害投资者的利益，不能影响社会和谐稳定。

股份公司按照发展阶段可以分为非上市公司和上市公司，它们的股权转让限制也不一样。

（一）非上市公司

股份公司的股东可以分为两种类型，一类是发起人股东，就是组织设立股份公司的创始股东，他们来决定股份公司怎么设立，设立之后干什么业务，然后吸引别的投资者来投资。另一类就是响应发起人的号召，参与公司投资的公众股东。

如果你是一名普通的参与者，你的股权是可以随意转让的，无论接受方是公司现在的股东，还是公司以外的新投资者，都不需要经过其他股东的同意，只要转让双方同意就可以，除非公司章程中明确约定了股权转让限制的条款。

（二）上市公司

虽然我国上市逐步进入注册制时代，但公司想要上市还是很困难的，不是谁想上市就能上市，公司上市依然是一家公司发展过程中的一个重要里程碑事件，对于上市公司股权的转让限制，以公司上市作为一个重要节点。

如果你在公司上市之前就已经持有了公司的股权，那这个股权在公司上市之后一年内不能转让。这个限制的主要目的，是防止公司原来的股东，在公司上市后就“套现离场”，影响企业的经营发展，进而影响投资者和社会公众的利益。而如果你是在公司上市之后又持有的股权，则不受这个规定的限制。

如果你是上市公司的董监高，那对于你拥有的股权转让，还有其他的限制条件，主要体现在以下三个方面：

第一，董监高所持公司的股份，在公司上市之后一年内不能转让。这里的股份既包括上市之前已经发行的股份，也包括在公司上市之后新持有的股份。

第二，董监高在任职期间，每年转让的股份不能超过所持有本公司股份总数的25%。这里说的股份总数指的是董监高上一年年末手里的股份数量。这里的任职期间，指的是董监高在上任的时候确定的任职期间，即使董监高在任期内离职，依然要受这个期限的限制。

这个时候你可能想到了，每年可转让的股份是上一年年末的25%，依照这个规定，哪怕董监高持有的股份很少，只要还在任上，就永远不可能把股份转让完。对于这个问题，上市公司有特别规定，如果董监高所持股份不超过1000股的，可以一次性全部转让。

第三，董监高离任以后半年内，不能转让持有的本公司股份。同样的，这里的离任指的是上任时确定的任期届满离任，对于任期届满前就离任的，转让限制要持续到原定的任期届满后半年。

对于股份公司来说，不管是上市之前发行股份的转让限制，还是对于董监高所持股份的转让限制，其目的都是尽量维护公司的平稳发展，维持市场的稳定，保护中小投资者的合法权益，只有大家好，才是真的好。

我们这一节所介绍的股权转让规则，只是《公司法》中所规定的一般情况，在这个基础之上，公司章程、投资协议可能对股东转让股权制定其他的限制条件，具体到每一个公司的每一个股东，所持有的股权能不能转让，要结合《公司法》、公司章程、投资协议，以及历次的股东会决议来综合进行分析判断。

第5节

除名

对不起，你已经不是股东了

没有无义务的权利，也没有无权利的义务，身为股东最基础的一个义务，就是要按规定缴纳认缴的出资款。如果股东该交的钱没有交，就不能享受股东的权利，否则就是对其他股东不公平。在特别的情况下，股东需要自己退出股东身份，如果自己不愿意退，其他股东可以帮他退，这个行为就是股东除名。

关于股东除名，新的《公司法》中并没有进行明确规定，但是我认为除名制度在新《公司法》的体系下依然有它实际的价值，因此，姑且按照上一版《公司法》的相关规定进行介绍。

一、股东除名的条件

股东除名，通俗地说就是把股东开除了，与股东有关的权利全部失效，可以说是在公司治理层面对股东最严厉的一种处罚，因为杀伤力太大，所以轻易不能使用。按照最高人民法院《关于适用〈中华人民共和国公司法〉若干问题的规定（三）》的规定，要想对一个股东除名，必须同时满足以下三个条件：

第一，股东未履行出资或抽逃全部出资。

第二，经公司催告缴纳或者返还，在合理期间内仍未缴纳或者返还出资。

第三，经过公司股东会决议。

（一）实质没出资事实成立

股东实质上没有出资，可以是两种情况，一种情况是股东未履行出资义务，也就是自始至终从来没出过钱；另一种情况是股东抽逃了全部出资，就是本来出钱了，但是投完之后又收了回去。

1. 未履行出资义务

股东的出资义务，是指股东需要“按期足额”缴纳公司章程中所认缴的出资额。“按期”就是要按照规定的时间完成出资，不能拖延出资的时间。“足额”就是要按照规定的数量进行出资，不能缺斤少两。如果出资义务没有履行到位，那违约的股东不仅需要继续履行自己的出资义务，把该交的钱补齐，还需要向其他已经按照规定交钱的股东承担赔偿责任，比如，支付违约金、放弃部分股东权利等。

有的股东，出资款总是给不到位，本来说好了这个月到位 100 万元，最后催来催去只给了 80 万元。本来说好要把自己的奥迪车当出资的资产，最后只给了公司一辆奥拓。这种出资没有给到位的行为，称为未全面履行出资义务。

还有另一种股东，则更为彻底，一点钱都不愿意出，这种行为称为未履行出资义务。

股东除名，仅仅可以针对那些未履行出资义务的股东，对于未全面履行出资义务的股东，哪怕他仅出了一元钱，也不能对他进行除名。

2. 抽逃出资

抽逃出资，是指股东本来把出资款交给了公司，然后又通过一些“特殊”的方式，把出资款拿了回去。拿回去的手法多种多样，有的股东先把出资款付给公司，等到公司出具验资证明后，就把出资款直接打回了股东的账户。这种抽逃出资的做法非常明显，没有什么技术含量，很容易被发现，只要是有点法律意识的人都不会这么干。现实中，股东抽逃出资，最常见的是以下三种方式。

第一种方式，虚增利润进行分配。公司通过编造一些假的业务，或者直接在财务报表上做文章，增加公司的账面利润，然后再向股东进行分红。虽然数据是假的，但是分红的钱却是实实在在的，通过这种方式把资金返还给了股东。

第二种方式，通过关联交易转移资金。比如，公司向股东购买商品或者服务，支付的价格远高于市场正常价格。或者公司向股东提供借款，而借钱的股东不仅不支付利息，连本金都一直占着不还。

第三种方式，虚构债权债务关系将资金转出。本来是股东欠别人的钱，却把这个债务转嫁到公司的头上，让公司替股东还债。或者股东或与股东相关联的其他主体伪造一些与公司间的虚假交易，公司把钱支付给股东或者关联方。

抽逃出资的行为是非常恶劣的违法行为，监管很严厉，后果很严重。因为它影响到了公司的财务独立，进而又影响到了法人独立地位，公司存在的基础也会因此而动摇。所以，对于抽逃出资的行为处罚也非常严厉，严重的话可能要进行刑事处罚。

不过，与前面的情况类似，对抽逃出资的股东进行除名，也仅仅限于股东抽逃全部出资的情形。只要股东的出资没有完全抽逃干净，就不能对其进行除名。

（二）催缴后仍不出资

法律制定股东除名制度不是为了减少股东的人数，而是想以此来倒逼股东履行出资义务。当公司的股东存在未出资，或者抽逃全部出资的情况时，公司及公司的股东首先应该给这些出资有问题的股东发送提醒，只要未履行出资义务的股东能够在规定的期限内缴纳出资，或者把抽逃的资金还回来，股东的资格就可以保留。所有的股东还是可以团结一心，一起向未来。

但是，如果经过催告后，股东还是没有出资，或者没有返还抽逃的资金，那公司就可以进入下一步的除名程序。

（三）股东会表决通过

最终要不要把一个股东开除出局，要由公司的股东会来做出决定，那在这个股东除名的股东会议题上，被除名的股东有没有表决权呢？

2014 年，上海万禹国际贸易有限公司（以下简称万禹公司）股东除名案的判决可以作为这个问题的答案。

万禹公司当时一共有三个股东，大股东杭州豪旭贸易有限公司（以下简称豪旭公司）持股比例为 99%，两个自然人股东合计持股比例为 1%。豪旭公司在 2012 年 9 月实缴了全部出资，3 天之后就把出资额抽逃了个干干净净。万禹公司于 2013 年 12 月向豪旭公司发了催告函，要求豪旭公司返还抽逃的出资。这个催告函没有得到豪旭公司的回复。2014 年 3 月，公司召开股东会会议，审议将豪旭公司除名的议题，会议表决情况是：两名自然人股东合计持股 1%，投了赞成票，豪旭公司持股比例 99%，投了反对票。对于这个股东会决议中将豪旭公司除名的决议是不是有效，双方起了争执，诉至法院。最终上海市第二中级人民法院作出判决，认为豪旭公司在这个事项上没有表决权，两名自然人股东占有效表决权的 100%，豪旭公司被取消股东资格。

法院的理由是，设置股东除名权就是为了消除股东没有实际出资带来的不良影响。如果被除名的股东有表决权，那对于大股东不出资的情况，小股东再怎么表决也不可能把大股东除名，这项法规也就不可能被执行了，这显然与法律制定的初衷是不相符的。

还有一个问题是，对于股东除名的决议，需要多少股东同意才可以？除非公司章程中有特别的约定，否则按照法条，这个事项不属于特别重大事项，只要超过 1/2 表决权股东同意就可以了。

二、股东除名的程序

经过了股东会决议，出资不到位的股东虽然除名了，但是他对应的缴纳出资的责任还在，如果这个责任不落实，公司的资产就会缺一部分。解决这个问题的方式有两个：其他人缴纳出资或者公司进行减资。

由公司现在的其他股东，或者公司以外新的投资者把被除名股东相应的股东权利和出资义务接过来，接替被除名的股东把出资额缴齐，这是最方便、最简单的处理方式，不管是对公司还是对公司的债权人，都是有利的。

如果没有人愿意出资，那就只能走公司减资的程序。需要先召开股东会会议形成减资的决议，然后在十日内通知债权人，并在三十日内在报纸上公告，如果债权人要求公司清偿债务或者提供担保，还需要与债权人做好沟通对接。在完成这些工作之后，去公司登记机关办理减资的登记手续。

三、股东失权制度

这一节我们所说的股东除名制度，仅适用于有限公司，而且只能对未出资或者抽逃全部出资的股东进行除名。对于履行了部分出资义务，或者抽逃了部分出资的股东，新《公司法》中明确了处理的方法和程序。

对于股东没有按期足额缴纳出资的情况，公司的董事会首先要向没有足额出资的股东发催缴书，同样需要通过正式的书面的方式进行通知。催缴书中要给股东留适当的出资宽限期，这个宽限期从公司发出催缴书开始计算，不能少于六十天。如果约定的期限到了，股东还没有出资，那董事会可以经过决议后向股东发出失权的通知，从通知发出这一天开始，这个股东就失去了他未实缴出资部分的股权。

但是这种情况其实只适合于小股东未实缴出资的情形，如果是大股东没有实缴出资，鉴于一般情况下，董事会中都是大股东推荐的董事占多数，让董事会去决议自己的“东家”失去未实缴部分的股权，还是比较困难的。这也是为什么我觉得新《公司法》实施后，原来的股东除名制度依然有必要存在的原因。毕竟在除名制度下，即使是大股东没有出资，小股东也是有机会通过除名制度来维护自己权益的。

延伸阅读 股东利益至上还是相关者利益至上

这一章我们一直在说股东的权利。股东作为公司的创造者，可以选择公司的管理者，决定公司的重大事项，拥有的权力非常大。自然的，公司的管理者，公司整体的运营，都应该为股东服务，以股东的需求为中心，即“股东至上”，不管是股东想要更多的利润，还是想要有更好的名誉。然而，从公司这个事物诞生之日起，就有一个与之对立的理论认为，公司不仅仅是股东的公司，还是员工的公司，是债权人的公司，是上游供应商和下游客户的公司，是广大人民群众的公司，所以公司应该是“相关者利益至上”。这两种说法，哪一个更正确呢？管理者在做决策的时候，是要坚持股东利益至上还是相关者利益至上？

一、股东利益至上带来的问题

假设你找了一家装修公司，准备给自己刚买的新房装修一下。

你给家里选了一款木地板，但是装修公司却说，最近有一家瓷砖厂眼看就要倒闭了，希望你能照顾一下瓷砖厂的生意。你会仅仅因为这个理由就把木地板换成瓷砖吗？如果装修公司自作主张就给家里铺上了瓷砖，你作为房主，会怎么做呢？我猜肯定是二话不说就把装修公司给炒了，然后问他索要赔偿吧。

现在把场景换成公司，你作为一家公司的股东，聘请了董事来替你管理公司，董事是不是应该把你的利益放在首要位置上。同样的，董事会聘请了经理，经理是不是也应该把你的利益放在首要位置上。当然了，公司作为一个复杂的组织，肯定是不能和家里装修这个事情作简单的类比，但是基本的逻辑是一致的。

所以，作为公司的管理者，以维护股东利益为工作目标，是再正常不过的反应。俗话说，“拿人钱财，替人消灾”，管理者拿了股东给的工资，一心替股东着想，满足股东的要求，当然没有什么错。

马克思曾在《资本论》中说过，一旦有适当的利润，资本就胆大起来，如果有10%的利润，它就保证到处被使用；有20%的利润，它就活跃起来；有50%的利润，它就铤而走险；为了100%的利润，它就敢践踏一切人间法律；有300%的利润，它就敢犯任何罪行，甚至冒绞首的危险。[①]

作为公司的控制者，股东也可能为了获利而干出损害社会利益

---

① 参见[德]马克思:《资本论》(第1卷)，中共中央马克思恩格斯列宁斯大林著作编译局译，人民出版社2004年版，第871页。

的事情来。

2008 年，国内发生了三聚氰胺毒奶粉事件，不良商家为了让不合格的牛奶能够通过质量检测，在牛奶中添加了化工原料三聚氰胺。质量检测是通过了，牛奶却变成了毒牛奶。很多食用这种奶粉的孩子得了肾结石，最终超过 5 万名幼儿因食用毒奶粉接受治疗，中国奶制品在那段时间不仅遭到全世界抵制，也失去了中国人自己的信任。甚至一直到今天这个影响都没有完全消除。身边很多宝爸宝妈，现在给孩子买奶粉还是首先考虑选择国外奶粉。

资本因为逐利而损害社会利益的事情不只国内有。20 世纪 50 年代，日本发生了影响恶劣的水污染水俣病事件。一家工厂只顾自己赚钱，为了节省污染治理的费用，把含有超量汞的废水直接排入海中，造成超过 1 万多人患上了严重的疾病，超过一千人因此而丧生，所引发的诉讼直到今天还在持续。

资本一味地追求经济利益，造成环境污染、假冒伪劣产品、压榨员工、影响社会安全稳定等一系列事件，引发了社会对于股东利益至上的大讨论，也成为相关者利益至上这个理论提出的基础。

二、相关者利益至上为什么行不通

相关者利益至上，就是公司除了要赚钱，更重要的是要承担更多的社会责任，要考虑所有相关者的利益，哪怕为此要损害股东的利益。

2019 年 8 月 19 日，包括亚马逊的贝佐斯、苹果的库克在内的美国 181 家顶级公司的 CEO 共同签署了一份宣言——《公司的目的》。他们宣称，以后不会再把股东的利益放在第一位，而是会同时追求客户、员工、供应商、社区和股东的利益，让每一个美国人都过上有意义和有尊严的美好生活。

类似这样相关者利益至上的表态，每隔一段时间就会被推上热搜，但是从来没有被哪个大公司真正地完全落实过。因为相关者利益至上虽然听起来很好听，但是它有两个问题无法解决：一个是相关者利益无法加总，另一个是难以对管理者业绩进行考核。

（一）相关者利益无法加总

一家公司的利益相关者不仅数量众多，每一个主体的需求还都不一样。社会想要环保和就业保证，政府想要更高的税收和经济发展，员工想要高工资和高福利，客户想要质量更高、价格更低的产品，而这些需求有时候甚至是相互矛盾的。

例如，公司现在有一个重大项目的机会，这个项目面临的风险比较高，但如果成功可以获得的收益也会比较大。如果是仅仅从收益的角度来分析，可以由业务和财务部门共同做一下收益预测分析，然后提交董事会或者股东会来做最终的决策。但是如果要照顾各方的利益，决策起来就会非常复杂。对于公司的年轻职工，他们希望公司能够有更广阔的发展空间，他们倾向于扩张和改变。而对于临近退休的老员工，以及公司的债权人，他们会更看重公司近期的平稳发展，至于长期会怎么样，则不太关心。如果两边的意见都要照顾，结果就是难以做出决策。

在股东利益至上的情况下，管理者的目标是很明确的，包括技术、产品、收入、利润、市值等指标，哪怕公司的产品再多，加起来也可以算出一个总的指标。

但是在相关者利益至上的情况下，因为相关者利益是无法加总的，确定工作目标就变得非常困难，甚至根本不可能实现。

（二）难以对管理者业绩进行考核

做人不能既要又要还要，什么都是重点的结果就是没有重点，因为管理者的工作目标难以确定，股东会也就很难对管理者的工作业绩进行考核。在股东利益至上的模式下，股东定下的目标没完成，那管理者的工作就是不合格，股东会可以对其进行降薪，甚至免职。但是在相关者利益至上的模式下，管理者可以轻松地为没有实现预期目标找到各种各样的理由，比如要照顾职工的利益、债权人的利益、供应商的利益、经销商的利益，股东还不能进行反驳，否则就是股东不顾全大局了。

正因为相关者利益至上存在这两个难以解决的问题，这个理论处于一直被呼吁，从来没落实的状态。现实中绝大多数的公司，不管表面上怎么说，实际上运行的都是股东至上的模式，这是股东和管理者用实际行动做出的选择。

三、股东与相关者利益的调和

相关者利益至上虽然不可行，但我们并不是说公司就不需要考虑相关者的利益。实际上，哪怕是从股东利益的角度来看，只有相关者获得了相应的利益保障，股东的利益才会有保证。

比如，股东利益与职工利益之间的关系。诚然，单从分配的角度看，给职工发的工资少一分，股东的利益就会多一分，但是如果股东只顾着自己获益，不考虑职工的感受，职工就可能不愿意尽心为公司工作，或者干脆离职换一家公司。反过来，公司给职工的激励多一些，激发出他干活的动力，职工可以在公司业绩上面贡献更多的力量，公司给员工多发了 1 万元，职工为公司多创造 5 万元的利润，最终实现职工与股东之间的双赢。

公司外部也是如此，美国默克公司在 1980 年代生产了一种药，可以用来治疗盘尾丝虫病，这种病主要流传于西非和拉美地区，那里有 18000 多万人感染这种病，而这些人是当地最贫困的人群，根本没有钱购买这种药。当地政府和世卫组织也拒绝提供资金支持，默克公司最终决定将这种药物进行免费赠送，而且要多少就给多少。从那时起，默克公司连续七年被《财富》杂志评为美国最受尊敬的企业，这家公司因此名声大振，后来发展为世界上最大的制药公司，取得丰厚的利润回报，这种“善有善报”的案例就是同时实现股东利益与相关者利益的证明。

股东也不全是坏人，为了谋取私利而损害用户的股东毕竟只是少数，而成功的企业家往往都是拥有家国情怀，愿意为建设美好社会而努力的，我们也看到有越来越多的成功人士参与到公益事业中去。

关注相关者利益这个事情本身并没有错。实际上，公司本来就兼具经济和社会的双重属性，《公司法》中也明确提出了公司要充分考虑公司职工、消费者等利益相关者的利益以及生态环境保护等社会公共利益，承担社会责任。

要求公司承担社会责任，并不是说公司就不要经济目标，而是要守住社会底线，不能唯利是图。最近社会上讨论比较多的“ESG”（环境、社会和公司治理），其实就是“企业社会责任”的升级版，说的是公司要关注财务指标以外的社会绩效。不过，这个目标实现还是要靠股东认可，由股东把目标进行翻译后传达给管理者。从公司治理的角度上看，依然要警惕它成为管理者不好好干活的借口。

4 第四章

董事和高管

第 1 节

分权

董事长与总经理，谁的权力更大

董事长和总经理[①]，谁的权力更大？你可能会觉得，这还有什么可讨论的，当然是董事长的权大啊。毕竟，谁当总经理是董事会说了算，而董事长可是董事会里的领导。答案还真不一定，比如，任正非从 1999 年起就只是担任华为的总经理，但在华为里面，任正非要是排第二，恐怕没有人敢排第一。董事长和总经理，到底谁的权大，得看谁的能量更大，更要看股东会站在谁那边。

---

① 我国的《公司法》里是没有总经理这个概念的，只有经理和副经理。现实中通常把经理称为总经理。为便于理解，本书中以总经理代称《公司法》意义上的经理。

一、董事长有什么权力

总经理确实是经理层的领导，但董事长是不是董事会的领导，这个就值得商榷了。按照《公司法》的规定，董事长跟其他的董事相比，只有以下三项“特权”。

第一，可以担任公司的法定代表人。这个确实比较厉害，因为法定代表人是可以代表公司的。公司作为一个独立的法人，虽然可以独立地享受一定的权利，承担一定的义务，但是公司毕竟不会自己说话，所以就要有一个人来替公司说话，这个人就是公司的法定代表人。当需要公司签字的时候，法定代表人代表公司签字，当需要公司表明观点的时候，法定代表人代表公司表明观点。只要法定代表人代表公司答应了一个事情，公司就需要照着去做。很多事情，比如出具法律效力的文件，如果法定代表人不同意、不签字，还真的就办不下去。不过，担任法定代表人这个事情，董事长可以，总经理也可以，这方面两个人顶多算是打个平手。在上一版《公司法》中，法定代表人只能由董事长、执行董事（2018 年《公司法》中的执行董事指不设董事会的公司的唯一董事，与 2023 年新《公司法》中表示的执行公司事务的董事定义有所区别）或者总经理担任。新《公司法》中对于担任法定代表人的条件进行了重要的修改，除了董事长和总经理外，代表公司执行事务的其他董事也可以担任公司的法定代表人。

这里还有一个小的知识点，我们有时候会听到“谁谁是公司的法人”这样的说法是不规范的。因为“法人”它不是一个活人，而是一个组织，比如说公司，只是在法律上被赋予了一个人格化的概念。而“法定代表人”是代表“法人”的自然人。所以，一个人只能是“法定代表人”，而不可能是一个“法人”。

第二，可以召集和主持董事会会议。在董事会召集股东会会议的情况下，董事长可以主持股东会会议。作为会议的主持人，董事长可以维持会场的秩序，安排什么时候该谁发言，什么时候该投票表决，但也就仅此而已。在真正表决的时候，董事长和其他董事一样，都是一人一票，在决策上并不比其他董事权力更大。有些人认为总经理是董事长任命的，这个其实是误解，总经理是董事会一人一票选出来的，董事长自己可决定不了。而且，一般情况下，总经理候选人也是董事，假设在选总经理这个议题上，董事长投反对票，总经理自己投赞成票，最后能不能当选，要看其他董事支持谁。因此在这方面，两人还是打了个平手。

第三，检查董事会决议的实施情况。与其说这是董事长的权力，倒不如说这是他的一项义务和责任。董事长要保证由全体董事做出的决议能够很好地落地实施。

除了上面提到的三项权力外，董事长在法律上就没有其他的权力了。也就是说，董事长有权力把所有的董事都召集起来，大家一起开会商量一件事情，但是事情最后的结果怎么样，得看全体董事里面，是同意的人多还是不同意的人多。如果在一件事情上，董事长和总经理（同时也是董事）的意见不一样，那就看谁的影响力更大。

当然，我们觉得现实中董事长的权力更大，也不是毫无依据。因为在一般情况下，董事长都是由控股股东推荐的，在一些民营企业里面，尤其是初创的企业里面，董事长甚至就是控股股东自己。董事长基本上代表了控股股东的意见，而控股股东是可以决定选谁来当董事的。那自然很多的董事就会站在董事长这边，董事长控制了董事会，也就能决定总经理的人选，有一些公司的章程中甚至直接约定，总经理由董事长进行推荐，董事长自然就会比总经理的地位要高了。

二、总经理有什么权力

你知道总经理和CEO是什么关系吗？CEO是一个进口词儿，咱们国内的法律里面是没有这个称呼的。CEO是公司的日常经营管理的总负责人，按照国内的法律，对应的应该就是总经理。一些国内的公司总经理，也把自己称作公司的CEO，为的是跟国际友人打交道的时候好沟通。

我们平常还会听到一个词儿，叫总裁，英文是president，在国外的公司里面，有可能同时设置首席执行官和总裁两个职位，总裁的地位比CEO低一级。比如当年四通利方与华渊合并推出新浪网，四通利方的创始人王志东当时资历尚浅，在合并后的新公司中的职务就是总裁，在他上面还有一位 CEO 沈正治，一年以后沈正治被董事会解雇，王志东才接任成了新浪的 CEO。

那作为日常经营管理的总负责人，总经理有什么具体的权力呢？现行的《公司法》确实明确规定，总经理根据公司章程的规定或者董事会的授权行使职权。关于总经理的职权，也是本次《公司法》修订的一个重要变化。在上一版的《公司法》中，明确的列出了总经理的八大职权，其中就包括“主持公司的生产经营管理工作”。

但是这个职责具体是指什么样的权力，是没有清晰的边界的。对外签署协作合同算不算生产经营工作？签署 10 万元的外协合同，总经理可以决定吗？100 万元呢？1000 万元、1 亿元呢？所以，总经理能拥有多大的权力，最终不是总经理说了算，还是由董事会（注意，不是董事长）和股东会说了算。

所以，新《公司法》中只明确总经理对董事会负责，至于总经理具体有什么职权，则由股东会和董事会来决定。股东会认为应该赋予总经理的职权，可以写入公司章程；董事会则可以通过董事会决议的方式，把相应的职权授予总经理。

三、董事长和总经理谁的权力更大

我们现在可以来回答董事长和总经理谁权力大的问题了，答案就是：不一定，得具体公司具体分析。不过，有三个指标可以作为判断的依据。

第一个指标，看总经理是由谁来推荐的。总经理最后能不能当选虽然是董事会来定，但由谁来推荐候选人，则要看公司章程是怎么规定的。如果总经理是由董事长来推荐，那总经理基本上就得听董事长的，要不然董事长可以推荐另外一个听话的人来当。但是如果总经理由股东来推荐，或者其他跟董事长无关的人来推荐，那总经理就有资格跟董事长抗衡。

第二个指标，看董事长和总经理谁在董事会中的影响更大，或者说看谁能控制或者影响董事会的决策，能控制董事会决策的，当然也就相当于控制了董事会，也就拥有了比较大的权力。

第三个指标，看谁担任公司的法定代表人，除非是董事长自动放弃，否则谁当法定代表人，谁的话语权就更大。

综合上面的分析，我们就可以给出一个大概的判断公式。

如果总经理由董事长推荐，董事长由控股股东推荐，董事长在董事会中影响力较大，且公司法定代表人由董事长担任，那基本上可以判断出，董事长权力大于总经理权力。

如果总经理由股东推荐，总经理在董事会中影响力较大，且公司法定代表人由总经理担任，这种情况下，总经理权力大于董事长权力。

四、相互制衡才是理想的状态

我们开头的问题可能把你带偏了，让你觉得董事长和总经理一定是对抗关系，必须得争个高下。开头的问题只是为了引出今天的话题，实际上在大部分的公司里面，董事长和总经理都可以进行很好的配合，共同为公司服务。

在一些初创企业中，董事长和总经理往往是同一个人兼任，有时候甚至和控股股东也是同一个人。有一些民营企业虽然已经发展壮大，但创始人始终牢牢掌握着公司的控制权，所以依然还保持着创始人同时担任董事长和总经理的状态，比如京东的刘强东和百度的李彦宏。这种设置的好处是决策效率高，可以应对快速变化的外部环境。而坏处就是容易形成“一言堂”，决策对了，可以大干快上获得快速发展；决策错了，也会导致公司快速衰落。而且，董事长和总经理之间没有制约与监督，也容易导致腐败发生。

在一些已经发展壮大，股东比较分散，或者股东自己不直接参与管理的公司中，董事长和总经理一般分开设置。对于这一类公司而言，比较理想的状态是两个人形成相互制约。董事长带领其他董事对总经理进行考核和监督，总经理带领经理层隔离董事会，不让董事会过多地插手公司的具体经营。两个治理的主体形成了一种既相互协作，又相互制衡，最终协调运转的关系。

第2节

考核

忠心与努力，哪个更重要

“火车跑得快，全凭车头带。”如果把公司当作一辆火车，股东会的作用有点像车轨，而董事和高级管理者[①]就是那个车头。车轨决定了火车的大方向，但是一辆车跑得稳不稳，能跑多快，则要取决于车头。在分析怎么样履行好火车头的职责之前，我们先来讨论一下，什么样的人有资格坐进车头的驾驶舱，成为一名管理者。

一、担任管理者的资格

具备什么条件的人一定能成为管理者？这个问题很难有一个标

① 高级管理人员，指的是公司的总经理、副总经理、财务总监以及公司章程中确定为高级管理人员的其他人员。高级管理人员简称“高管”，有时候也称为经理层。因为董事和高管在很多考核的要求上面是一致的，为了表述方便，这一节中我们依然把董事和高管合称“管理者”。

准的答案，毕竟每个公司所开展的业务不一样，公司所处的发展阶段不一样，对于管理者的能力要求也不一样，很难从中筛选出一套放之四海的评价标准。但是，对于什么样的人绝对不能担任管理者，则有着明确的规定。

《公司法》第一百七十八条给出了不能担任董事、监事、高级管理人员的五种情形，总结起来可以分为两大类：一类是自身能力严重不足，另一类是干坏事的可能性非常大。

（一）自身能力严重不足

法律用语是非常严谨的，对于什么是自身能力严重不足，《公司法》里有明确的定义，可以分为两类：一类是无民事行为能力或者限制民事行为能力的人，翻译过来就是还没到十八周岁，或者已经到了十八周岁，但是智力有点缺陷，不能完全辨认自己的行为的人（不包括十六周岁以上，靠自己赚钱来生活的人）。另一类是三年内刚刚把一家企业搞破产，在这个破产企业里担任董事或者厂长、经理，并且对于企业破产负有个人责任的人，可以说明经营企业的能力欠缺，不适合继续担任管理者的职务。

（二）干坏事的可能性比较大

看到这个题目你可能也会有疑问，凭什么就给一个人贴标签，说他干坏事的可能性比较大呢？先别着急，这里提到的人，包括三种情况：第一种是有刑事案底的人，比如 5 年内因为贪污、贿赂、侵占财产、挪用财产等被判处刑罚，或者5年内因为犯罪被剥夺政治权利的人，被宣告缓刑的，自缓刑考验期满之日起不满2年的人。第二种是3年内公司或企业因为违法被吊销营业执照、责令关闭，其法定代表人负有个人责任的。第三种是个人对外欠了很多钱，欠款已经到期而没有按时偿还，被法院列为失信被执行人的。

当然，我们不能说具备这些情形的人当管理者就一定会干坏事。但是公司毕竟不是一个孤立的存在，公司经营的好坏不仅仅影响管理者自己，也会影响公司的全体员工，甚至会影响整个社会的经济秩序。所以，选择管理者需要非常地慎重。不得不说，存在上述行为的人，其个人品德修养是存在一定问题的，而且，让这样的人担任公司的管理者，对公司的形象也会有负面影响。从另一个角度分析，不让他们担任管理者，既是对他们过往错误的惩罚，也是对现任管理者的警醒，让现任的管理者明白，如果自己犯了上面的这些错误，将会永远告别管理者的舞台。

二、忠心和努力怎么定义

对于公司的管理者的通用要求有两条，用《公司法》里面的术语叫“忠实”和“勤勉”。忠实就是忠心，侧重于管理者的道德品格，管理者需要忠于公司，不能干损害公司利益的事情，更不能利用职权来谋取私利。勤勉就是努力，侧重于管理者的工作态度，管理者要尽职尽责地为公司服务,不能偷懒。

(一)违反忠实义务的表现

管理者违反忠实义务,判断很容易,后果很严重,处罚很严厉。关于管理者违反忠实义务的行为,《公司法》第一百八十一条至一百八十四条列举出了具体的名目,大致分为三类。

第一类是把公司的资产据为己有。比如把公司的钱拿来自己花,或者用公司的钱购买豪车等资产,供管理者自己使用;管理者自己或者关联方违反公司章程的规定,或者没有经过股东会同意,与公司进行交易。特别需要提醒的是管理者与公司的交易,比如公司资金短缺需要借款,管理者没有经过股东会同意就把钱借给了公司,也属于违规的行为,需要把获得的利益还给公司。当然,如果交易经过股东会同意,则交易可以正常进行。

第二类是破坏公司的商业机会。比如公司本来有机会、也有能力去承担某个项目,结果管理者却利用职务之便把这个机会给了别人,甚至自己经营与公司同类的业务,与公司抢市场。

第三类是擅自披露公司的秘密。公司的秘密信息也属于公司的资产,这些信息有可能会直接决定公司的经济利益,比如一些技术方案、投标底价等。公司的管理者没有经过公司的同意,把这些信息扩散出去,可能会对公司的利益造成严重的损失,是违反忠实义务的典型表现。

（二）违反勤勉义务的表现

勤勉义务与忠实义务相比，判断起来会比较困难。你雇了一个人帮你扛行李，这个人扛起行李就直接跑了，这种违反了忠实义务的行为，是很容易判断的。但是这个人走一会就歇一歇，称自己实在是累得扛不动，他说的是不是真的，外人很难判断，如果他就是为了磨洋工，多赚钱，就是违反了勤勉义务。

由于勤勉义务不容易判断，对于违反勤勉义务的管理者，处罚起来也就比较困难。而且，管理者在面对别人的质疑时，会试图以各种各样的理由来为自己辩解。这个时候，我们要知道，有一些表面看起来有点道理的理由，实际上是不能被认可的。比如，以下这四种理由不能让管理者免除勤勉责任：

第一种，管理者称对于某个决策不知情，没参与。

管理者参与公司的决策，既是权利，也是义务。所谓在其位，谋其政。作为一名管理者，称自己对于公司的决策不知情、没参与，本身就说明自己对工作没有尽心尽责，当然不能免除勤勉责任。

第二种，管理者已经把表决权委托给别人行使。

管理者如果因为特殊的原因不能参加相关的决策会议，可以把自己的表决权委托给符合条件的人，让他们代替自己进行表决。但是，授权并不能免除自己的责任，因为被委托的人是根据委托人的意见去投票的。管理者不能把自己所有的权力全权委托给其他人行使。换个角度想，如果管理者把所有的表决权都委托给别人了，那这个管理者存在的必要性就要打个问号了。

第三种，管理者按照股东的意见投票。

公司的管理者可能由公司的某个股东推荐，管理者在表决的时候，完全按股东的意见表决。在这种情况下，如果因为决策失误造成了损失，需要追究责任，那管理者即便是按照股东的意见表决，也要承担相应责任。

第四种，管理者完全相信中介机构的意见。

在一些财务造假的案件中，就有管理者声称，财务报告是经过会计师事务所审计的，事务所都是专业机构，自己理应相信他们出具的结论。实际上，中介机构给出的结果只是管理者做决策的参考资料，管理者需要有自己的判断，管理者对于中介机构给的资料不进行分析研究，就全盘接受，也需要承担相应责任。

随着市场越来越规范，对于管理者违反勤勉义务的处罚也越来越重。管理者需要把自己能做的事情都做完，而且拿得出让人信服的证据来，否则就不能免责。比如康美药业财务造假案中，独立董事就被判承担连带赔偿责任，最高的需要承担赔偿 2.46 亿元的连带责任。

三、管理者不忠心、不努力有什么后果

管理者没有尽到忠实、勤勉的义务，就要接受没做好事情的处罚。这个处罚一般有三种。

第一种是进行经济处罚，比如违反忠实义务所获得的利益，需要还给公司。违反勤勉义务给公司造成的损失，需要由未尽到勤勉忠实义务的人员进行赔偿。

第二种是进行职务调整，比如调低工作职务，甚至免职、开除。

第三种是追究法律责任，对于违反法律的人员进行行政处罚甚至是刑事处罚。

新《公司法》也特别关注“董监高”没有履行忠实勤勉义务所要承担的责任。股东没有按期足额缴纳出资，负有责任的董事要承担赔偿责任。公司成立后，股东抽逃出资，负有责任的“董监高”要与抽逃出资的股东承担连带赔偿责任。公司违规为他人提供担保和财务资助、违法分配利润，负有责任的“董监高”要承担赔偿责任。甚至在执行职务给他人造成损害时，存在故意或重大过失的董事和高管，也要承担赔偿责任。可见，公司的管理者肩上所承担的责任是非常重大的。

第3节

激励

论资排辈还是论功行赏

董事和高管这些管理者能不能卖力干活，对于公司能不能发展好是非常重要的。问题是，怎么才能让管理者工作起来不遗余力呢？常规的操作有两种，一种是加强监督，天天盯着这些管理者，要求他们早请示、晚汇报，时刻掌握他们的工作动态。另一种是加强激励，让管理者诚心实意地想把这个事情做好，只要激励方式用得对，工作就能做到位。这一节，我们就来聊一聊管理者激励的问题。

一、激励的目的：想要打造什么共同体

对管理者进行激励，当然是想让他们好好工作，创造更多的收益。不过，激励也是有成本的，而公司可以用来激励的资源总是有限的。在制定具体的激励方案之前，首先得想清楚，公司想要达到什么样的激励效果。实际上，不管是普通的员工还是高级管理人员，公司和职工之间都是一种雇佣关系，这种关系一般可以呈现出四种形态。

（一）职业共同体

职业共同体，就是拿多少钱，办多少事儿。这样的员工之所以来上班，目的很“单纯”，就是为了“混一口饭吃”。他们不图在工作上获得什么成就感，只要能够保住工作的饭碗，拿到基本的工资，就不会在工作上花费更多的心思。对于他们来说，公司规定六点下班，五点半就开始准备收拾东西，时间一到不愿在公司多待一分钟。对

于他们，生活的意义要靠工作以外的事情来实现。

（二）利益共同体

利益共同体，就是员工和公司之间形成了“你好，我也好”的合作状态。员工努力完成工作任务，帮助公司实现更好的业绩指标，自己也可以拿到更多的奖金，公司利润高了自己的收益也会提高。员工和公司就是靠利益来维持，一旦公司给不了高工资，员工就会离职去寻找其他的机会。对于这样的员工，公司跟他谈理想和价值观作用是不大的，还是直接谈钱的效果会更好。

（三）事业共同体

事业共同体之间，就要多谈“使命、愿景、价值观”了。事业共同体里的成员，并不是说就不谈利益，但除了眼前的利益，他们还关心诗和远方。一般来说，公司的创始团队就是一个事业共同体，他们创业的初衷，除了赚钱，一定还包括做出好的产品、解决一些现实的问题、改变一些人的生活状态之类的愿景。

（四）命运共同体

命运共同体，是比事业共同体更高一级的状态，军队中战友之间的关系，就是形成了命运共同体，战友可以为了救助同伴而牺牲自己的生命。在公司里面，只有那几个少数的核心成员，才有可能组成命运共同体。

对于管理者的激励目的，要确保让管理者和公司摆脱职业共同体，形成利益共同体，并努力构建事业共同体。至于命运共同体，对于普通的企业来说接近于一种可遇而不可求的状态，能有当然很好，实在没有也不必强求。

二、激励的方式：物质、舞台还是给予荣誉

激励的核心逻辑，是把管理者的个人利益，与企业的共同利益进行绑定。管理者在追求自己利益最大化的同时，也帮助公司实现发展目标，这种状态就是“激励相容”。具体到对管理者的激励方式，可以给予物质激励、展示才华的舞台，也可以给予荣誉。

（一）高额的物质激励

直接给钱，是最容易想到的激励方式，也是应用最为普遍的激励方式。不过，这个钱要怎么给，也是个技术活儿。

第一种方式是直接给高工资。“重赏之下，必有勇夫”，只要工资够高，再难的任务也有人愿意接。但是这个激励要想有效，就要确保其他地方不会给他更高的工资。如果管理者不努力，没有达到既定目标，他就会失去这个赚大钱的机会。直接给高工资的弊端是，激励效果的有效期比较短，只要公司不再给管理者发高工资，他就会失去工作的动力，离公司而去，甚至可能与公司为敌。

第二种方式是给业绩奖金。与直接给高工资相比。给业绩奖金操作起来会稍微复杂一点。公司需要制定一个奖金的兑现机制，如果业绩不达标，奖金就拿不到。业绩奖金的激励效果不仅跟激励的金额有关，还与激励的周期有关，周期太短看不出来效果，周期太长，又可能让管理者看不到希望，直接“躺平”。

第三种方式是给股权激励。股权激励实现起来程序最为复杂。因为股权调整起来非常麻烦，所以给出去之前要非常慎重，实施周期也会比较长。但是股权激励所带来的激励效果也是最长久的。有的公司在管理者离职进行离职补偿时，会把激励的一部分以股权的方式支付。这样即使管理者离职了，只要手里还有公司的股权，他的利益就跟公司的利益保持一致，会希望公司能够继续发展，不会做出损害公司利益的事情来。

（二）展示才华的舞台

用钱来激励员工，可能会面临两个问题：一个问题是公司资金紧张，拿不出那么多钱；另一个问题是对于一些已经财务自由的人来说，他们本身不差钱，对于金钱的敏感度不高，金钱能够起到的激励效果就会很有限。这个时候，就需要采用其他的激励手段，比如，给他一定的权力和机会。

你应该听说过马斯洛的需求金字塔模型，每个人的终极需求是追求自我实现，想要证明自己是有价值的。公司给管理者更高的职位，让他管理更大的项目、更多的团队，让他意识到自己的重要性，也可以很好地激发管理者的斗志。

（三）聚光灯下的荣誉

在我国古代社会，不同阶级的人，住多大的房子、坐几个人的轿子、穿什么图案的衣服、用什么样的乐器都有非常明确而具体的规定。一个官员是绝对不敢穿比自己级别高的衣服的，有多少钱都不行。实际上这就是用名誉构建的激励系统。现在社会虽然崇尚自由平等，但人类群居的本质并没有改变，我们还是会在意别人的评价和看法，所以给员工表彰的方式依然有效。比如评选年度优秀员工，给他们发放特制的衣服或标识，让人能够很方便地知道他工作干得很不错。或者请那些干得好的管理者作主题演讲，分享经验，让他感觉到自己被看到、被重视。有时候仅仅是上级一句口头表扬，都可以起到非常好的激励效果。

三、激励的对象：论功行赏与论资排辈

对于口头表扬这种精神激励，当然可以范围广一点，对所有员工雨露均沾。但是对于金钱、权力这种激励，就要慎重选择激励的对象了，因为用来激励的资源是稀缺的，只能给到少数的人。那奖励到底是给那些有功劳的年轻人，还是那些有苦劳的老前辈呢？

你可能会想，这还要讨论吗？当然是论功行赏，多劳多得了。

论功行赏当然是应该的，现在的企业市场竞争那么激励，要想赢就得靠超出常人的业绩，而超出常人的业绩需要靠员工超出常人的努力，只有论功行赏，才能鼓励员工好好工作，争取业绩。不过，仅仅靠业绩进行考核和激励，可能会让公司内部员工之间互相敌对，导致公司“杀气”太重。适度地采用论资排辈的策略，可能会让激励更加有效。论资排辈的激励政策，起码有这么几个好处。

一是可以减少内部竞争，提高工作效率。如果靠比别人做得好才可以获利，那同事之间很可能互相提防。而在论资排辈的情况下，一个人的资质不是内部斗争可以改变的，那员工就可以把更多的时间和精力用在怎么完成任务上。

二是有利于优化团队人员的构成。在一个论功行赏的公司里面，管理者在招人的时候就可能不会愿意去选择那些能力太强的人，害怕新来者威胁到自己的地位。老员工也不愿意真心教新职工，害怕“教会徒弟，饿死师傅”。公司的团队就会成为“武大郎开店，一个比一个矮”。而在论资排辈的环境下，则不会有这样的问题。

三是有利于吸引愿意长期工作的员工。资历是熬出来的，一个员工进入一个论资排辈的公司，最开始的时候，他的收益会远低于他付出的劳动，他在公司工作的时间越长，所得到的收益就会越高。所以，愿意进入这样的公司，就代表了他已经做好了在这家公司长期奋斗的准备。

当然，你的公司适不适合使用论资排辈的策略，还要具体情况具体分析。实际上，没有任何一种激励方式是适合所有公司的，我们要根据公司所处的环境，被激励对象的需求来做具体的策划。一句话，没有最好的激励，只有当下最适合的激励。

第 4 节

地图

实施股权激励的七个步骤

“21 世纪什么最贵？人才！”这是 2004 年上映的电影《天下无贼》中的一句经典台词。这么多年过去了，这句话却一点没过时。在如今的市场经济下，怎么能吸引人才并留住人才，是每一个公司都需要面对的难题。我们在上一节中提到激励人才的几种方式，其中股权激励的效力时间最为长久，实施的过程也最为复杂。这一节我们就详细地说一说，实施股权激励的具体步骤。

一、实施股权激励的时机

股权激励的目的，是要绑定那些对公司发展非常重要的人，让他们能够在未来一段时期内，踏踏实实地为公司干活，公司业绩提升了，估值就会更高，这些人手中持有的股权也会更值钱。不过，凡事都得有个度，股权激励的效果虽然很明显，但是操作过程很复杂，实施一次不容易，所以也不能经常搞。一般来说，公司搞股权激励，都是在一些特别的时间点上。

（一）引入骨干团队时

公司引入了一个新的骨干团队，或者并购了一个公司后，吸收了原公司的管理团队，为了减少新人和老人之间的隔阂，会对新引入团队实施股权激励[①]，让新团队与老团队之间形成利益共同体，加快融合。

（二）重大股权融资时

公司在引入比较大额的股权投资时，也会同步策划股权激励方案。一来是公司的重大融资通常是公司发展的一个重要里程碑事件，需要对前期的功臣兑现奖励。二来投资者在投资之前也会把实施股权激励作为投资的一个条件，只有骨干员工与公司利益绑定在一起，投资者才放心把钱投给公司。

（三）新战略计划推出时

当公司对商业模式进行重大调整，或者推出新的战略计划，公

---

① 如果公司之前没有做过股权激励，此次实施股权激励的对象也要考虑公司原有的骨干人员。

司未来发展将面临更大的不确定性。这个时候最怕的就是人心不稳，骨干人员离职。此时实施股权激励，可以让骨干人员团结起来，共同战斗。

（四）公司上市前

很多公司在上市之前会做一轮股权激励，来稳定人心。在公司上市之前，公司的员工对于公司值多少钱，老板的股权值多少钱是没有清晰概念的。公司一上市，股权的价格就透明了。看着公司的大股东变成了千万富翁、亿万富翁，如果公司的骨干人才自己没有股权，难免会心理不平衡，轻则工作积极性下降，重则离职走人。

所以，如果公司的骨干员工之前没有公司的股权，公司会在准备上市之前突击给骨干员工分一些股权，让这些骨干能够死心塌地为公司服务，保证上市之前的业务稳定。而且，公司上市并不是企业发展的终点，上市之后公司还得继续经营，骨干员工在上市之前持有的股票，在公司上市后会至少锁定 1 年时间，也可以保证公司上市之后一段时间内团队的稳定，支持公司的平稳发展。

二、股权激励七步走

下面我们来看一下实施股权激励的具体步骤。

（一）确定激励对象

股权激励不能像发工资一样，人人有份。那样的话，不仅实施起来非常麻烦，激励的作用也会大打折扣。根据激励的目的不同，股权激励的对象可以分成两大类。

一类是公司现在的骨干员工，对他们实施激励，可以把他们的利益与公司的利益绑定，能够让他们在未来一段时间内，继续安心留在公司。

另一类是过去的功臣，虽然掌握大权，但是能力已经跟不上公司发展的需要了。对这些人实施激励，是为了让他们愿意从现在的岗位上退下来，虽然当下的收入会少一些，但未来公司发展好了，可以靠着手中的股权获得高额收益。

（二）确定激励模式

确定了人员，接下来就要确定使用什么样的激励模式。经过前期的探索，现在已经有很多成熟的激励模式可供使用。这里我们只简单介绍三种。

第一种是直接给股权。被激励的对象支付现金购买公司股权，成为公司的股东，支付的价格可以比市场价格稍微低一些。在股权激励的协议中，可以约定一些退出的条款，比如未来业绩没有达成，或者被激励对象离职，这些股权需要退回公司或转给其他激励对象。

第二种是给股票期权。期权，就是被激励者拥有了一项权利，可以在未来某一个期限内，以一个事先约定好的价格，来购买公司一定数量的股票。既然是一种权利，那拥有期权的人就可以行使权利，也可以不行使。单从收益上看，股票期权的收益是无限的，但是承担的风险很小。当然，公司可以对期权的行使条件做出具体的规定。

第三种是给虚拟股权。公司在现有的股权之外，给激励对象授予一些“虚拟股权”，虚拟股权可以参与公司的利润分配。公司价值提升了，虚拟股权可以享受增值部分的收益。但是虚拟股权没有表决权，而且只对被授予的人有效，不能转让，一旦被激励的人离开公司，虚拟股权即宣布作废。

（三）确定业绩条件

不管具体使用哪一种激励模式，被激励者想要最终获得收益，都需要自己干出成绩来。如果业绩指标没有完成，哪怕之前获得了激励的机会，最终也不能得到收益。这个业绩条件，可以是收入、利润这些财务指标，也可以是公司市值、市盈率等市场指标，还可以是市场占有率、顾客满意度、技术研发成果等非财务指标。只要这些指标可以被衡量，并获得了相关各方同意即可。

（四）确定激励数量

这里的激励数量指的是两个数，一个是用来激励的股权总量，另一个是具体到每一个被激励对象的股权数量。

股权数量的确定，是整个股权激励方案中最有难度的环节。激励的数量太少，对被激励者形不成刺激，达不到激励的效果。可激励的数量太多，又会对公司的控制权产生影响。一般来说，非上市公司用来开展股权激励的总量在 5%~25%。对于上市公司来说，因为公司的股份总量比较大，一般用于股权激励的数量不超过公司股份总数的 10%。

而具体到个人的激励数量，要根据他对于未来收益的预期，结合全部可用于股权激励的股权数，以及被激励人员的数量综合进行确定。

（五）确定激励价格

股权激励的价格是每一个被激励的对象最为关心的事情。对于上市公司，价格相对容易确定，毕竟股票的市场价格是非常透明的，激励价格可以以方案实施当时的市场价格为基准，进行适当的调整。可以是某一个时间段内的平均价，也可以在平均价的基础上打一些折扣。

对于非上市公司，股权的价值相对比较难以估算，实践中，通常会以资产评估机构作出的评估值为基准，再进行适当的调整后确定。

（六）确定激励来源

我们在前面的章节提过，无论一家公司的规模有多大，它的股权总量最多也就是 100%。所以，股权激励的来源也是一个需要特别关注的事项。一般来说，用于激励的股权可以来自以下几方面：

一是公司的库存股。公司在很早之前就预留了做股权激励的股权，在实际实施的时候，直接把这个库存股拿来分配就可以了。

二是公司回购的股权，根据股权激励的数量，向公司的股东（包括大股东和小股东）回购一部分股权，用于股权激励。

三是向激励对象增发股权。激励对象以增资的方式成为公司的股东，原来股东所持有公司的股权同比例稀释。这种方式下，增资的资金可以流入公司，用于公司的经营发展，对于公司来说是更有利的选择。也可以部分缓解原股东之间因为由谁来让出激励股权带来的矛盾。

需要提示的是，在公司从小到大，不断的发展过程中，可能需要做很多次的股权激励，在策划股权激励方案的时候，不仅仅要考虑本次的方案，还要给未来开展股权激励留出空间。

（七）确定节点时间

最后一步，就是把股权激励方案写成协议，由相关的各方签字盖章，确保按规定执行。

在这个执行协议中，需要明确各项工作的时间节点。比如授权日、行权日、失效日、有效期、等待期、行权期、窗口期、禁售期等，这些日期都是与前面的激励对象、激励模式、业绩条件相关联的，所以也相当重要。一般情况下，协议中还会对违反协议的处罚方式进行规定。

当然，在实际实施股权激励的过程中我们会发现，没有哪两个公司的股权激励方案是完全一致的，实施者需要具体情况具体分析。现在市场上有很多专门负责做股权激励方案的咨询机构，必要的时候，可以向他们进行专项咨询。

第5节

防线

怎么防止管理者干坏事

公司治理的一大难题，是解决股东与管理者之间的“委托代理”问题。对管理者实施股权激励，让管理者与股东形成“你好我也好”的共同体，可以在一定程度上缓解这个问题，但是光有激励不行，还需要有必要的监督。对管理者的监督，可以分为内部监督和外部监督。内部监督包括公司董事会和股东会，外部监督包括资本市场以及政府与社会监督。

一、内部监督

前面我们在讨论管理者的基本要求和激励措施的时候，是把董事和高管放在一起分析的。但是在内部监督方面，对于董事的监督和对于高管的监督，存在一些差异，对于高管的监督主要靠董事会，而对于董事的监督，则主要靠股东会和其他董事。

（一）董事会监督

董事会的职权从条目上看有很多，但是总结起来无外乎两条：一是决策，二是监督。这两个职权都与高管直接相关。

先说决策权，公司的管理权就像一张大饼，董事会的权力越大，留给高管的权力就越小。如果董事会愿意，可以把所有股东会决策事项以外的权力都留在董事会。当然，这种极端的情况在现实中一般不会出现，董事会还是会把一些决策的权力留给高管。至于说这个权力有多大，取决于高管的办事能力和董事会对高管的信任程度。

再看监督权，董事会对高管的监督，就是要考核评价交给高管的任务完成效果怎么样。比如，高管是不是守规矩，有没有做出一些违法违规、损害公司利益的事情。当然这是最低要求，除此之外，要看他们的管理能力怎么样，有没有做出一些开创性的工作，把公司管理得越来越好。

那高管凭什么愿意接受董事会的监督呢？很简单，高管的前途掌握在董事会手中。董事会有一项权力是聘任或解雇高管，并决定高管的薪酬。除非是公司章程里面有特别的约定，否则，董事会要解雇一个高管，不需要给出什么特别的理由，也不需要征得高管本人的同意。也就是说，要不要用一个高管，给这个高管多少钱，都是董事会说了算，董事会当然拥有对高管的考核权，有董事会监督，高管就不敢胡作非为。

但是，一般的董事也是拿工资办事儿，如果高管与董事勾结起来，一起薅公司的羊毛怎么办？这就需要股东会对董事会的监督。

（二）股东会监督

从权力制衡的角度，股东会与董事的关系，有点像董事会与高管的关系。股东会和董事会之间，也得切权力的大饼。所不同的是，董事是打工人，而股东是公司的实际拥有者。董事最多能有点主人翁的意识，而股东本身就是主人翁，股东在做决策的时候更容易站在公司的角度来进行整体考虑，所以，如果一个事情由董事或者高管决定有可能会损害股东的利益，那股东就会把这个决策的权力掌握在自己的手中。如果股东会对于董事或高管的决策有疑问，可以要求董事或高管进行具体的说明，如果有必要，股东可以介入公司的监控。一旦股东会觉得董事不称职，就可以调整董事的薪酬，甚至直接更换董事人选。而通过董事会，股东实际上也可以决定高管的去留和薪酬。

公司实施股权激励，也可以加强股东对董事和高管的监督，这种监督的作用效果有时候甚至可以超过它的激励效果。

举个例子。假设公司有甲乙两个职工，都持有公司的股权。甲是公司的总经理，持股比例 2%，乙是公司的副总经理，持股比例是 1%。公司要从两个项目中选一个来做。选 A 项目，公司可以收益

100 元。选 B 项目，公司可以收益 50 元，但总经理甲个人可以从中获得 5 元钱收益（假设这个收益是通过项目合法获得的）。站在总经理的角度上，做 A 项目，自己的收益是 2 元（100 元 ×2%=2 元），而做 B 项目自己的收益是 6 元（50 元 ×2%+5 元 =6 元），那总经理肯定是愿意选 B 项目。如果公司管理者里面没有别的人持股，这个事情可能就按照总经理的想法去执行了。但是因为副总经理乙也持有股权，情况就可能不一样。从乙的角度看，做 A 项目自己的收益是 1 元，做 B 项目自己的收益是 5 角钱，少了一半。乙为了减少自己的损失，就会去找甲理论，甚至会把这个事情去向董事会、股东会反馈。所以，在员工持有公司股权的公司，管理者在做决策的时候就会更加小心。他知道，此刻正有很多双眼睛在注视着自己。

二、外部监督

公司外部的监督，主要来自资本市场、政府和社会。对于董事和高管，外部监督的效果基本上差不多，所以我们还是把他们统称为管理者来一起讨论。

（一）资本市场监督

资本市场对于管理者的监督作用，一般可以通过两种方式来实现。

第一种方式是做空机制。我国的A股市场是不允许做空的，但在国外的资本市场，如美国证券市场，做空是一种被广泛运用的资本手段。所谓做空，就是投资者不看好一家公司，觉得这家公司的股价会下跌，就想利用这个机会来赚钱。如果你觉得一家公司的股票要涨价，可以低价买入，等它涨了再卖出。做空则刚好相反，先借入一些股票，把股票卖了换成钱，等到股价跌下去了，再低价把股票买回来还给出借方，赚取其中的差价。做空机构之所以敢看衰一只股票，是因为他们做了大量的调查与研究，把这家公司调查得非常清楚，找到了它的问题，根据现实分析出股票的价格远超过了它的真实价值。而一旦这个消息被市场知晓，公司的股票就肯定会下跌。从投资者的角度，做这个事情他们可以赚到钱。而从管理者的角度，因为有做空机构的存在，他们在经营公司的过程中就要加倍小心，避免被人抓住把柄。

第二种方式是企业并购。如果一家公司管理存在问题，它的市场估值低于它本来的价值，就会吸引外部投资者的注意，投资者会想办法获得公司的控制权，然后加强公司管理，把估值提上去。而一般来说，投资者接管公司之后的第一件事就是替换原来的管理者。而这无疑是对现有管理者的一种威慑，激励他们要好好地经营公司。

（二）政府与社会监督

政府与社会监督是对管理者进行监督管控的最后一道防线。

社会监督主要来自媒体和社会的舆论评价。老话说，好事不出门，坏事传千里。现在是一个微信、微博、抖音满天飞的年代，坏事传播起来真的是又快又广，而舆论的方向可以影响公司的股价，影响产品的价格和销量，甚至直接影响到管理者能不能在公司继续待下去。另一方面，社会监督来自自由的人才市场。一个管理者干得好不好，是可以被圈子里的人了解的。如果管理者不好好干活，或者就是能力不行，被公司开除了，他会发现上一份工作就是自己职业的巅峰。反过来，如果管理者干得很好，取得了不错的业绩，他会发现世界那么大，到哪儿都不怕。

政府监督则主要来自证监会、市场监督管理局、税务局等行政机关，通过要求企业报送年度报告、重大事项临时报告、程序性审批，督促企业按照法律、行政法规、规章的规定办事。如果管理者的行为违反了相关规定，轻则对企业罚款，重则管理者可能会被免职，甚至面临牢狱之灾。

三、缺失的监事会

你可能发现了，这节的内容写到这里我们还没有提监事会。从《公司法》出发，监事会其实是公司治理中正牌的监督机构，它的作用就是受股东会的委托来监督董事和高管，《公司法》也确实赋予了监事会检查公司财务、对董事和高管的行为进行监督、向股东举报甚至是向法院起诉董事和高管的权力。

但是在我国目前的环境下，监事会的作用发挥得极其有限。一方面，监事很难真正了解公司经营的实际情况；另一方面，虽然监事的法律地位挺高，但实际中的地位往往比董事和高管要低，大部分的职工监事是公司内部职工，工资和升职都受高管的管理，让他们来监督董事和高管，难度很大。新的《公司法》中，也允许设置审计委员会的公司不设监事会，由审计委员会来行使监事会的职权。对于规模较小或股东人数较少的有限公司，在全体股东一致同意的情况下，也可以直接不设监事会和监事。

第6节

系统

怎么构建高质量的董事会

董事会作为公司治理中的一个核心机构，作用非常关键，向上要对股东会负责，向下要对领导高级管理者负责。在上市公司这类股东人数比较多的大型公司中，董事会的作用就更加重要了。虽然在理论上，公司权力最高的机构是股东会，但是股东会审议的事项，基本上是由董事会撰写的，决策的结果在很大程度上也受到董事会的影响。如何让董事会更好地发挥作用，一直是公司治理中的一个大话题,那要如何才能构建一个高质量的董事会呢?在回答这个问题之前,我们要先搞明白一个问题:公司为什么要设置董事会。

一、设置董事会的缘由

站在股东的角度,让董事会代替自己管理公司,有两个主要的原因:一个是股东自己不想管或者管不了,另一个是有的公司股东人数太多,由股东直接管理公司的管理成本会非常高,这个我们在前面的章节中有过具体的分析。

从监管的角度来看,公司的股东承担的是有限责任。有限责任这个制度,让普通的投资者敢于把自己的资金投入公司,而不必担心因为承担无限责任而倾家荡产,对于市场的繁荣发展当然具有非常大的促进作用。但是这个制度的问题也很明显,就是会让股东更愿意去做一些高风险的项目,用有限责任来赌无限利润,毕竟失败了的损失是有限的,而成功之后可以获得的收益却是无限的。股东的这种倾向显然不是市场想看见的。而通过设置董事会,可以在一定程度上缓解这个问题。董事作决策的考虑思路跟股东是有区别的,在董事看来,赚取的利润由股东来享有,而决策的风险需要由自己来承担,他就会在收益和风险当中进行平衡,不会一味地追求利益。

另外,公司的股东可以很方便地转让股权,退出公司,如果公司直接由股东来管理,股东一退就会对公司的经营造成严重影响,进而对公司的职工，甚至于对社会稳定和经济发展形成影响。而在设有董事会的公司里，只要董事会还保持稳定，哪怕股东有所变化，公司也可以保持相对稳定的格局。

你现在知道为什么股东不直接管理公司了，接下来的问题是，为什么股东不直接聘请高管来管理公司，而是要先聘请董事，再由董事会聘请高管呢？答案是：为了管控风险，避免内部人控制。

在股东不愿意或者没能力参与公司管理的情况下，如果直接由高管来负责公司的管理，高管将会缺少有效监督，高管的权力就会非常大，没有人能够对其进行有效约束，甚至很难了解高管做出哪些违规行为。而在高管上面设置董事会就可以在一定程度上解决这个问题。董事会是不直接参与公司管理的，但是他们可以对高管进行监督，对高管进行制衡，有董事会在，高管就不敢肆无忌惮地乱来。

你可能会问，如果股东自己有能力也有意愿参与公司的管理呢？很简单，股东可以成为董事，也可以成为高管，以董事或者高管的身份，他就可以参与公司的管理。

二、构建高质量董事会的三大因素

古人讲，要成事得靠天时地利人和，要想构建高质量的董事会，既要考虑内部的条件，也得依靠外部的条件。外部条件包括完善并能够有效执行的法律法规，以及开放和充分竞争的市场经济，这里的市场既包括筹资投资的资本市场，也包括股权转让的产权市场，还有自由的人才市场。外部条件虽然很重要，但是对于大部分的公司来说，想要改变外部条件是很难的，在现有的条件下，构建高质量董事会的重点还是要改变董事会建设的内部条件。

（一）清晰的三层权责边界

董事会想要大展拳脚，有所作为，首先得搞清楚自己都能干什么，也就是有什么权力和责任，董事会的权限边界不单单是董事会自己的事儿，既需要获得股东的支持，也需要处理好与高管的关系。而股东要做的就是“在其位，谋其政”和“不在其位，不谋其政”，这两件事情，同样重要。

“不在其位，不谋其政”，是指股东不能越位行使权力，不该管的不管。在原则上，股东行使权力只能通过在股东会上表决来实现，但是在现实中，如果公司的股东，尤其是公司的控股股东，直接参与公司的经营管理，就属于越位行权。股东这么做，会让董事会的处境变得很尴尬，董事会的权力被削弱，威信也很难建立起来，高质量的董事会就很难形成。

“在其位，谋其政”，是指股东不能缺位，该发表意见的时候就得发表意见。公司里的一些小股东，尤其是上市公司的小股东，对于公司的关注往往集中在公司的股价上，对于公司的治理参与度比较少，不去参加股东会，也不参与投票。这样的股东多了，就容易导致董事会的权力过大，让公司陷入内部人控制的局面。

董事会与高管的关系，与股东会与董事会的关系类似，不过这一次董事会变成了授权的一方，为了能够让高管发挥很好的作用，董事也不能越位，不能缺位。董事会需要对高管进行充分的授权，并做好有效的监督，让高管能够按照董事会的决议来做好执行。

（二）董事会成员的多样性

确定了董事会能干什么事儿，接下来就要看董事会能不能把职责内的事情干好，把权力和责任履行到位，这个取决于董事的能力如何。

同样都是董事，董事和董事之间的差别还是挺大的。一般来说，董事按照类别可以分为三种：内部董事、外部董事和独立董事。这里的内部和外部是指董事在不在公司担任别的职务，与他是不是股东没有关系。

内部董事，也叫执行董事。除了担任董事以外，还在公司担任其他的职务，如同时担任公司的总经理。

外部董事，也叫非执行董事。除了担任董事以外，在公司就不担任其他的职务了①。准确地说，这里的外部董事应该叫非独立的外部董事，以便与独立董事进行区别。一般由公司的股东推荐，在董

① 这里说的职务指的是在担任董事的公司里任职的职务，在其他公司担任的职务不算。

事会表决中会更多地代表派出方股东的意见。

独立董事，是与公司没有利益关系的董事，一般会由一些专业的学者，或者与本公司没有利益关系的其他公司管理者担任。

并不是所有的公司都会有这三类董事，在一些小的公司可能全部董事都是内部董事，这也是符合法律规定的。但在一个高效的董事会中，最好能够形成三类董事互相协作与制衡的关系。内部董事对于公司的情况最了解，可以为董事会提供内部视角，也知道哪些决策能够落地，让董事会的决策更科学，也更容易去执行。外部董事代表各个股东的意见，能够提高大股东参与公司治理的积极性，也能够提升董事会决策在股东会中的通过率，同时，大股东一般看得比较长远，也可以避免内部董事只关注眼前指标，忽略长远发展的问题。而独立董事，一般具有企业管理、财务管理、金融运作、资产运营等方面的专业能力，可以为董事会的决策提供多样性视角。同时，独立董事还会为中小股东考虑，避免董事会决策时只关注大股东而伤害小股东利益。当然，这里说的是理想的情况，实际上，目前在我国的董事会中，独立董事的作用还有待提升，关于这个话题，会在延伸阅读中作进一步的讨论。

（三）有效的董事会支撑机构

一个好汉三个帮，董事会想干大事，光靠自己是不行的，还需要有其他机构的支持。如董事会内设的专门委员会，以及董事会秘书和董事会办公室等。

董事会内设的专门委员会，就是在董事里选出一些董事组成一个小组，负责一些专业的工作。你可能想，这不就是董事之间分了个工吗？事情可没这么简单。董事会专门委员会可以分为两类，一类侧重于监督，如审计委员会、薪酬与考核委员会、提名委员会等。这一类的委员会以非执行董事，尤其是独立董事为主，要求独立董事要占多数，这就大大提高了独立董事的话语权。另一类是侧重于公司管理的，如战略委员会，在这一类委员会里面，执行董事和非执行董事都可以加入，并可以由执行董事来主导。

董事会秘书带领董事会办公室为董事会履职提供保障。上市公司董事会秘书属于公司的高管，不仅要非常熟悉公司监管的各项要求，按规定做好信息披露，还需要在公司战略、资本运作、组织机构设计等方面具有很强的能力。可以说，董事会秘书的职业素养，在一定程度上直接决定了董事会的运行质量。

延伸阅读 独立董事能不能从此独立起来

在内部董事、外部董事、独立董事这三类董事中，独立董事的作用可以说最为关键。因为独立董事跟公司以及公司的股东没有什么利益关联，发表意见的时候可以不必顾虑公司其他方的意见。又因为独立董事往往具备某一方面的专业知识，给出的意见自带专业背书，对于决策能够起到很好的支撑作用。但是，我国的独立董事情况有点不一样，被戏称为“既不独立，也不懂事”，这是怎么一回事儿？

一、我国独立董事难以独立的原因

独立董事制度源于美国，设置这个职位的最初目的是监督内部董事，避免内部董事与高管层一起做损害公司利益的事情。独立董事在美国公司中确实起到了很好的作用，他们会否决公司大量的提案，也会真的维护中小股东的利益。从我国 2001 年正式要求上市公司必须设立独立董事以来，已过去 20 多年，但独立董事的作用与预期目标相比依然存在较大差距。关键的原因有两个，一个是中国的上市公司大部分存在控股股东，另一个是中国公司选择独立董事的机制不够市场化。

（一）股权结构

美国的上市公司股权结构是非常分散的，有的公司持股比例 1% 以上的股东，就是公司的大股东了。公司基本上不存在控股股东，董事会在做决策的时候，来自股东方的压力就比较小，独立董事也更敢于发表自己的真实看法。

而在我国，绝大多数的上市公司存在控股股东，反而是没有控股股东的公司非常少。在存在控股股东的情况下，董事会受到股东的影响就会比较大，哪怕是独立董事，在表决前也要参考，起码要多多关注控股股东的意见。

股权结构的差异，也影响独立董事的选拔和考核制度。

（二）选拔机制

对于不存在控股股东的美国公司，独立董事的选拔是一个市场化的行为，通过第三方的人才市场来开展。公司把对独立董事的需求、能给出的薪酬条件告诉人才市场，人才市场上的代理公司替公司去挑选合适的人选。这样挑选出来的独立董事，可保证确实与公司和公司的股东不存在利益关联，能够让独立董事真正保持“独立”。

我国的上市公司，独立董事一般由控股股东提名，或者董事会提名。我国目前还没有成熟的独立董事市场，控股股东在推荐独立董事的时候，当然就会倾向于找自己熟悉的人。在一些大股东看来，独立董事的工作就是签字拿钱，是个“美差”，与其把这么好的机会给别人，不如把这个“福利”留给自己人。而对于独立董事来说，别人请自己当独立董事，还给相当不错的补贴，当然不好意思在董事会上否决他们的提案。所以，才有了坊间所说的，独立董事“既不独立，也不懂事”的情况。

好消息是，这种情况正在发生转变，而事情的转折点可能就是2021年宣判的康美药业案。

二、康美药业案可能成为独立董事的转折点

2021 年 11 月 12 日，广州市中级人民法院对康美药业案作出一审判决，责令康美药业赔偿股民损失 24.59 亿元，5 名独立董事都被判决承担一定的连带责任。其中，3 名独立董事承担 10%（每人 2.46 亿元）的连带责任；2 名独立董事承担 5%（每人 1.23 亿元）的连带责任。[①] 后面两位董事之所以责任少一些并不是因为他们做得比其他 3 名独立董事更好，而只是因为他们任职时间比较短而已。

这一个判决让其他上市公司的独立董事危机感暴增，很多独立董事马上就向任职的上市公司递交了辞职信，而且要求上市公司必须马上公告，多一天也不想等。这个其实也很好理解，我国的独立董事，一年的津贴平均也就十多万。如果只是参加个会，签个字，也不用真的做多少工作，还不用承担什么风险，那确实算是个好差事。但如果这个工作风险竟然这么高，万一公司爆个雷，一辈子当独立董事赚的钱都不够一次赔的，当然就不想也不敢再继续担任这个职

---

① 参见广东省广州市中级人民法院民事判决书，(2020)粤 01 民初 2171 号。康美药业于 2021 年 11 月 24 日发布《康美药业股份有限公司关于对特别代表人诉讼一审判决不予上诉的公告》，中证中小投资者服务中心及公司破产管理人均同意对公司特别代表人诉讼一审判决不予上诉。

务了。

康美药业案为什么赔偿金额会这么大？它和其他的诉讼案有什么不一样？康美药业案是我国第一个特别代表人诉讼案件，跟以往的普通代表人诉讼相比，特别代表人诉讼的威力要大得多。其根本原因在于，投资者成为共同起诉人的条件跟以往不同。以前的普通代表人诉讼制度，其基本原则是“明示加入”，投资者必须明确表示“我要加入诉讼”才可以成为共同起诉人。而特别代表人诉讼的基本原则是“默示加入”，只要投资者没有明确表示“我不要加入”，他就会被列为共同起诉人。

在普通代表人诉讼的情况下，即使股东知道公司做了违法的事情，自己的利益因此受到了损失，但是因为每个人的损失金额都不算太大，即使得到了赔偿，也可能抵不上自己因为起诉而付出的时间和精力，所以也就放弃起诉了，只安慰自己是“花钱买个教训”。

而在特别代表人诉讼的情况下，小股东根本不需要有额外的付出，甚至连宣告自己加入诉讼都不需要，官司打赢了自己有钱分，打输了也没有什么损失，当然就更愿意加入诉讼了。

在康美药业案中，起诉的原告数量达到了55，326人，这个人数在普通代表人诉讼的情况下是绝对不可能达到的。这也是为什么赔偿的金额能高达24.59亿元的原因。

在以前没有特别代表人诉讼的情况下，上市公司财务造假的惩罚主要来自司法机关，而那个罚款的金额与财务造假的金额相比，连个零头都比不上，所以上市公司做起坏事儿就有点肆无忌惮。而在特别代表人诉讼制度下，上市公司的赔偿金额取决于股东因为违法违规而形成的投资损失，这个金额就上不封顶了。独立董事所承担的责任和风险，也就比之前大了不知道多少倍，所以我们才说，康美药业案可能成为独立董事真正独立起来的一个转折点。

三、未来独立董事制度的改革方向

康美药业案的判决，从一方面来看，让独立董事意识到，如果自己在履职的过程中没有做到忠实勤勉，万一公司出了问题，自己就可能会面临天价赔偿，这对于促进独立董事履职，当然是有很好的促进作用。但是从另一个方面来看，这个案例可能会带来两个副作用。

第一个副作用是未来独立董事的选聘可能会比现在更难。原来的独立董事虽然赚的钱不算太多，但是毕竟名声很高，而且责任小，当然很多人愿意去做。现在不一样了，钱依然不多，但是风险却变得很大，加风险不加价，愿意当独立董事的人就会比之前少很多。

第二个副作用是独立董事在履职过程中可能会变得非常谨慎，对于那些存在一定风险的议题，他们会更倾向于投反对票，反正公司赚钱赔钱与自己的收益也没有太多的关联，但是一旦出了事儿却要陪着一起遭殃，那还是小心为上。但是公司的经营决策总是风险与机遇并存，只有利益没有风险的事情几乎是不存在的，如果独立董事过于谨慎，可能会对公司的长远发展形成不好的影响。

那怎样才能减少这种副作用？我国的独立董事制度，未来应该朝着哪个方向改进？关于这个问题，清华大学五道口金融学院副院长、金融学教授田轩老师给出了五点建议：

一是培育公开、公平的独立董事市场，公司通过第三方中介机构来雇佣独立董事。让独立董事可以不用看控股股东和董事会的“脸色”来行事，让独立董事真正地独立起来。

二是建立声誉机制，督促独立董事更加注重自己的声誉。让独立董事在任职公司投入更多的精力，在发表意见的时候，愿意说真话，说对公司有用的话，让独立董事真正地“懂事”起来。

三是适当提高独立董事的待遇，让独立董事的待遇与公司的业绩关联起来。提高独立董事任职的积极性，让有才能的人愿意去做独立董事。

四是限制独立董事兼职公司的数量。让独立董事有足够的精力了解上市公司的情况，做出有效的决策。

五是推动独立董事保险普及，在独立董事因为过失而不是故意犯错的时候，不至于要承担高额的赔偿，也可以让独立董事在表决的时候，不至于过分关注风险而影响公司的发展。[①]

2023 年 4 月 14 日，《国务院办公厅关于上市公司独立董事制度改革的意见》(国办发〔2023〕9 号)发布，首次以国务院办公厅的名

---

① 田轩:《关于康美药业案落幕的几点思考》，载微信公众号“田轩的田字格”2021 年 11 月 19 日，https://mp.weixin.qq.com/s/Jufw2M0MrqrEW95PZt-GKQ。

义对独立董事履职改革的原则和任务进行明确。其中就包括建立独立董事信息库、改善独立董事选任制度、鼓励投保董事责任险、发挥自律组织作用等各项内容。如果以上内容能够执行落地，其对于独立董事制度的影响将是深远而巨大的。

当然，制度的改变不是一朝一夕的事情，比如建立独立董事的自律组织来解决选任、评价、考核等一系列问题就是一个非常复杂的课题，具体如何落地实施还有很长的路要走。独立董事从建立到现在的 20 多年来，也一直在不断地改进，希望未来独立董事能够更好地发挥作用，成为“独立且懂事”的人。

5 第五章

公司章程

第1节

意义

掌握主动，从订立公司章程开始

提到公司的控制权，我们最容易想到的是股东会、董事会、高管层，却往往忽略了一个更为重要的事项：公司章程。公司章程被称为是公司的“宪法”，单从这个定位你就能知道它的重要性。公司章程是股东争取权利的一件重要武器，而且威力巨大。公司章程每一家公司都有，却不是每一个股东都认真看过，等到公司发生纠纷，想要去公司章程中找支持的时候，才只能感叹：曾经有一个争取权利的机会放在我的面前，我没有珍惜，等到失去的时候我才后悔莫及……

一、有了《公司法》，为什么还要订立公司章程

什么叫“控制”？大股东和小股东，谁拥有公司治理意义上的

"控制权"？清华大学的宁向东教授在他的《宁向东的管理学课》中写道："控制，是有机会、有能力调整种种'意外'的情况。"在公司治理层面，股东所拥有的控制权，不是完全决定某一件事情的权力，而是有机会能够发现事情的发展偏离了既定的方向，并有能力进行纠正。从这个角度来看，大股东和小股东所拥有控制权的机会是相同的，关键在于，如何来争取这个机会。

股东保护自己的权利主要靠两件武器，一件是以《公司法》为代表的各种法律法规，另一件就是以公司章程为代表的股东自治文件。相比起来，后一个比前一个更重要。

《公司法》作为一部法律，规定的是公司运行的"下限"而非"上限"，《公司法》会要求公司的股东、董事、监事、高管等相关方不能故意去做有损国家、社会与其他相关方利益的事情，在这个底线以上的事情，法律不管。再者，法律面向的对象是所有的公司，为了保证其普遍适用性，就只能做一些通用的、原则性的规定，而对每一个具体的公司，情况都不一样，法律不可能规定得那么详细。

而公司章程则不一样，每一家公司在设立的时候都需要提供独属于自己的公司章程，以后每一次修改，需要向市场监督管理机构进行备案。所以，公司章程就像一个人的名片一样，可以参考，但绝对不能直接拿别人的来用。在符合法律法规的基础上，很多的条款可以由公司章程自己来制定。

举个例子，两个人合作成立一家有限责任公司，甲比较有钱，出资了 80%，乙没钱但是非常有能力，出资了 20%。现在有能力的乙希望公司设立以后自己能够拥有公司的控制权，如果仅仅靠《公司法》的规定，乙是个小股东，想控制公司是不可能的，就算公司设立时让乙当董事长、当总经理，大股东甲想换掉乙随时都能换。但是，这个目标用公司章程就可以轻松实现，只需要在公司章程中约定三点：第一，公司不设立董事会，只设立执行董事；第二，第一任执行董事由乙来担任，且至少连任两届；第三，修改公司章程、更换公司的执行董事需要经过全体股东同意。只要两个股东在公司章程上签字盖章，公司章程就拥有了法律效力。哪怕大股东持有公司80%的股权，在公司成立的6年内（两个任期），大股东甲就算再不满意，他也不能把乙这个执行董事给换掉。

当然，怎么用好公司章程，这里只是举了其中很小的一个点。实际上，公司章程中可以由股东自行约定的地方非常多。哪些是股东特别需要关心的条款，我们会在第二节的内容中进行详细的讨论。在这之前，我们先看一下，一个公司的章程，到底包括哪些方面的内容。

二、公司章程里都有些什么内容

在我国现行的《公司法》中，对于有限公司和股份公司章程的要求是不一样的，对于有限公司，公司股东人数比较少，治理上更注重股东之间的“人合”特性。留给股东之间互相协商的空间比较大，很多内容都可以由股东自己决定。而对于股份公司，股东数量可能会非常多，治理上更注重股东之间“资合”特性，法律上对股份公司的要求更加详细、具体，留给股东之间自行商议的内容也相对较少。

虽然《公司法》对于有限公司和股份公司的具体要求确有差异，例如，有限公司股东的表决权可以与出资比例不一样，而股份公司股东所持有的同一类股份，表决权只能是相同的，但股份公司可以发行不同类别的股份。但是两类公司在公司章程的框架结构，以及基本要素方面基本是相同的，比如，不管是有限公司还是股份公司，公司章程中都需要有相应的章节，对股东会的职权和议事规则进行规定。

在一般情况下，一家公司的章程至少包括以下五个方面的内容：

（一）公司的基本信息

公司章程中需要体现公司的基本信息，如公司名称、公司住所、股东信息（股份公司为发起人信息）、公司成立时间、公司经营范围、公司注册资本、公司经营期限等。这一部分信息虽然对于公司经营发展至关重要，但因为是基本事实的记载，因此很少会出现争议。

（二）公司的组织机构

公司治理层面的组织机构，指的不是财务部、人力资源部、市场部这些业务部门，而是专指股东会、董事会、监事会、高管层等机构。

公司的组织机构怎么设置，直接关系到公司的权力机构安排，所以是公司章程中，甚至是公司治理中最为重要的内容，占据的篇幅也最长。

关于机构设置，股东会必须由全体股东组成，这个是法律强制规定的，没有商量的余地。组织机构设置的重点在于董事会、监事会和高管层。这几个机构可以设置，也可以不设置，由公司自己决定，如果不设置相应机构，需要有人履行机构对应的职责。如可以不设置董事会，但必须设置一名董事履行董事会职责；可以不设置监事会，但必须设置审计委员会或设置一名监事履行监事会职责。对于有限公司，全体股东同意的情况下，也可以不设监事会或监事。

关于权力安排，《公司法》中仅对不同机构的权力作了原则性的规定，具体每一个机构具有什么样的权力，尤其是股东会、董事会和高管层的权力边界如何区分，需要在公司章程中根据各个公司的情况进行具体规定。这部分内容也是公司治理各个主体之间博弈的重点。

（三）股权转让

股权转让，就是把手中持有的股权卖掉，是股东投资赚钱的一种主要方式。股权作为股东拥有的一种资产，股东当然拥有对其进行处置的权利。但是，股权转让毕竟会改变公司的股权结构，可能会对公司的整体经营产生非常重大的影响。因此，到底是要对股权转让严加限制，还是充分保障股东资产处置的自由，这是股东需要解决的一个问题。

对于有限公司，《公司法》虽然对于股权转让的程序进行了详细的规定，这个我们在第三章第 4 节里已经做了介绍，但是《公司法》也规定，如果“公司章程对股权转让另有规定的，从其规定”，也即每个有限公司都可以制定自己的股权转让规定，只要所有的股东都认可就是有效的。

对于股份公司，《公司法》中对公司发起人持有的股权、公司董监高持有的股权，以及公司上市之前发行的股权有一些强制的转让限制。而对于普通股东所持有的股权，则可以自由转让。不过，如果公司章程中对股份的转让有限制条件，则按照公司章程的规定执行。

（四）财务会计政策

一个公司的财务状况是股东了解公司的经营情况，决策层做出经营决策的重要基础。公司的分红政策，更是投资者决定要不要投资一家公司，以及股东能不能取得投资收益的参考。如何制定财务会计政策，以及公司赚取的利润怎么分配，要不要制定最低的分红比例，也是所有股东都关心的话题。

（五）解散与清算

很多人觉得，在公司还没设立的时候就谈怎么解散，有点太晦气了。但人无百日好，花无百日红。马云那么厉害，也只说让阿里巴巴活 102 年。一开始就把怎么解散的事情说清楚，反而可能会让公司活得更长。

实际上，关于公司解散的纠纷也是公司治理中最常见的纠纷之一。解散的事情到底由谁说了算？如果有股东不同意怎么办？如果股东联系不到怎么办？清算的事情由谁来负责？清算组由哪些人组成，具体怎么开展工作，这些事情最好能够一开始就商量好，到后面真正遇到相应情况时才能减少纠纷。

以上这五部分内容，除了公司的基本信息以外，其他的部分股东都可以通过在公司章程中进行约定来保障，或争取提高自己的权利。如果在设立公司的时候，直接套用公司登记机关给的章程模板，则会失去这个最为宝贵的机会。

第 2 节

内容

可以在公司章程中争取的权利有哪些

《公司法》中关于责任、权利、义务的规定有两种类型，一类叫任意性规范，法律的规定只是友情提示，具体怎么约定由股东自己商量。凡是《公司法》中出现“可以”“由公司章程规定”“依照公司章程规定”“公司章程另有规定”的地方，都是任意性规范，这些条款是股东在编制公司章程时争取权利的重点。另一类叫强制性规范，《公司法》中出现“必须”“应当”“不得”这样的表述，就是强制性规范，公司章程只能遵照执行，不能自己调整。强制性规范依然有争取权利的空间。如有限公司的股东会决策重大事项，“必须”经2/3以上表决权的股东同意，这当然是强制性规范。如果你的股权比例是25%，你可以要求公司章程中规定，股东会决策重大事项，必须经4/5以上表决权的股东同意，这样你就拥有了重大事项的一票否决权。一般来说，股东可以在公司章程中努力争取的权利有四项：知情权、提案权、表决权和收益权。

一、知情权

知情权，就是知道、了解相关情况的权利。知情权是股东参与公司经营决策、行使其他权利的基础。在战场上，情报往往可以决定一场战争的胜负。商场上也是这样，谁掌握了更多更准确的信息，谁就拥有更多的掌控权。股东如果不了解公司经营的情况，或者哪怕是了解的情况不完整，都很难做出正确的决策。所以，作为股东，如何保障自己的知情权，非常重要。

《公司法》中对于股东知情权的规定是相当详细的，对于股东知情权的范围、行使权利的方式等内容，《公司法》分别针对有限公司和股份公司作出了不同的规定。但是在实践中，依然存在很多关于股东知情权的纠纷。为了把这一类纠纷扼杀在“摇篮”里，公司章程中要对那些可能引起纠纷的事项进行提前预判，并做出相应的约定。作为股东，尤其是作为小股东，要争取在公司章程中明确，股东可以查阅、复制资料的具体范围。当然，为了保护公司的商业秘密，公司可以要求股东履行必要的程序，并签署保密承诺。

在所有知情权涉及的事项中，财务资料是最重要的内容之一，但是财务的资料又是相对专业的内容，不是谁都能看得懂的。所以，公司章程中最好能够约定，任何一个股东都可以自己出钱请独立的第三方审计机构对公司的财务状况进行审计。股东不一定真的去使用这个权利，但只要公司章程中约定了这个事项，就会对公司和公司的股东起到很好的威慑作用，倒逼公司财务规范化。

二、提案权

股东在公司治理中的地位虽然比较高，但是作为单个股东，只能通过在股东会会议上进行表决来行使自己的权利。如果一个事项，根本就没有列入股东会会议讨论的议题中，股东有力气也没地方使。而提案权，就是把某一个事项提交到股东会会议上进行审议的权利。

对于股份公司，《公司法》明确规定单独或合计持股 1% 以上的股东拥有提案权。对于有限公司,《公司法》没有明确规定什么样的股东有提案权,但是规定持股 10% 以上的股东可以提议召开股东会,可以视为拥有提案权。

公司章程中,最好能够对什么样的股东拥有提案权进行明确具体的规定,而作为小股东,当然就要争取自己拥有提出议案的权利,并把具体的条款写入公司章程。

三、表决权

表决权,是指股东会在讨论一个事项的时候,一个股东在多大程度上能影响或者决定事项的讨论结果。股东之间的表决权如何分配是公司治理中非常重要的问题。好消息是,《公司法》对于表决权怎么分配,给股东留下非常大的自主决定空间。

首先,公司章程可以规定什么样的事项为一般事项,什么样的事项为特别事项,并规定每一类事项的通过条件,即一般事项需要多少比例的表决权同意才可以通过,特别事项需要多少比例的表决权同意才可以通过。阿里巴巴公司章程就规定,只有在持有 95% 表决权的股东同意的情况下,公司才可以修改章程中关于阿里巴巴合伙人董事提名权的相关条款,而阿里巴巴合伙人团队所持有的公司股权已经超过了 5%,这就意味着阿里巴巴合伙人团队可以牢牢掌控董事提名权,进而可以拥有董事会层面上的控制权。

其次，更为重要的，公司章程可以规定每一个股东所拥有的表决权是多少。对于这个内容，有限公司和股份公司有比较大的区别，我们分别来看。

（一）有限公司股东表决权

对于有限公司，《公司法》规定，“股东会会议由股东按照出资比例行使表决权；但是，公司章程另有规定的除外。”翻译一下就是，股东会会议上到底要怎么表决，可以由公司自己决定。这就给了股东无限的想象空间，股东可以提出各种各样的表决方式。

公司章程可以直接规定股东的表决权比例，这个比例可以跟实际的出资额完全没关系。例如，一个股东的出资比例是 80%，但是表决权比例只占 40%，而另外的一个股东出资比例是 10%，但是表决权比例占 51%。这个设置在法律层面上完全没问题，至于为什么要让出资比例少的股东拥有这么多的表决权，要根据股东的资源、能力和诉求来决定。

又如，对于一些特别的事项，可以给某一个股东一票否决权。2007 年，哈尔滨市国资委把持有的哈尔滨中庆燃气有限责任公司 48% 的股权进行了挂牌转让，只留了 1% 的股权，但是哈尔滨市国资委享有对燃气公司重大事项的否决权，如果股东会讨论的事项涉及安全稳定供气、社会公共利益问题，那哈尔滨市国资委就有权行使一票否决权。

（二）股份公司股东表决权

股份公司的情况有所不同，股东需要遵循“同股同权”的基本原则。同类型的股票，必须享有相同的表决权。要想获得不同的表决权，就必须发行不同种类的股票。

例如，股份公司可以发行“优先股”，这里的优先指的是收益优先，优先股股东拥有优先获得固定收益的权利，与此相对应，优先股股东需要放弃在股东会上表决的权利。

又如，在港交所、上交所科创板上市的公司，可以发行拥有特别表决权的股票，这个我们在第二章第 4 节中已经介绍过了。

四、收益权

如本书之前所述，股东获得收益的方式大体有三种：利润分红、股权转让和公司解散分得剩余财产。关于解散与清算的关注要点，在本章第 1 节中已经提过，这里我们重点说一下利润分红和股权转让。

（一）利润分红

利润分红需要解决两个问题：分多少，以及怎么分。

《公司法》规定，公司赚取的利润先得弥补以前年度的亏损，再提取一定量的公积金，剩下的才是属于可以分配的利润。至于这个可分配的利润具体要怎么分，是每年分 10%，还是 50%，可以由股东自己来决定。为了保护自己的权益，股东应当争取把分红的频率和分红的比例写入公司章程中。

确定了分多少，还得解决怎么分的问题，是分现金、分实物还是分股权？另外，更重要的是，按照出资比例分还是按照其他的方式分，这个也应当在章程中约定清楚。

（二）股权转让

按照现行的《公司法》，有限公司对于股权转让的约定，可操作的空间非常大，如果想强势绑定股东之间的关系，完全可以约定股权只能转给现有的股东。如果股东对于资产变现更看重，则可以约定股东的股权可以自由转让。当然，前提是这个转让的条款，得所有股东都同意才可以。股份公司的操作空间虽然不一样，但基本的原则是类似的，想要强势绑定就应严格限制转让，想要快速变现，就要尽量减少限制。

这一小节我们说了很多股东可以在公司章程中争取的权利。作为公司的股东，能争取到的权利当然是越多越好。但是从合作的角度来看，如果一个股东“既要又要还要”，那别人就不愿意跟他进行合作了。权责利对等是取得合作的基本原则，我们要知道自己最看重的是什么，以及为了得到这个利益，愿意放弃的利益有哪些。如有的人更注重投资的收益，为了保证收益，可以放弃部分公司控制权。而有的人更注重对于公司的掌控，为了能获得决策权，可以放弃部分收益权。如果一个股东既不想多付出、多承担风险，还啥都想要，那就别做股东，去做梦好了。

第3节

继承

订立了公司章程，投资协议还有用吗

公司章程固然非常重要，而且是每个公司的必备文件。但是公司章程毕竟内容很多、很全面，要想把章程里的事情都梳理清楚并协商一致，是个不小的工程。在投资人刚刚有点创业的想法时，就花很大的精力来订立公司章程，等到章程搞定了，才发现创业要做的事情本身不太靠谱，那就“鸡孵鸭子白忙活儿”了。但是如果不把一些重要的合作条件白纸黑字写下来，光靠投资人之间口头承诺，后面公司实际开始运营了又容易产生纠纷。为了解决这个矛盾，在刚刚萌生创业想法的时候，投资者之间通常会先签一个投资协议，把股东之间的一些重要权利和义务说清楚，等到公司正式成立的时候，再订立公司章程。这样既可以保障投资人之间的主要利益，又可以避免做很多无用功。

一、投资协议与公司章程性质有什么不同

投资协议的签约方是有意向参与投资的人，也就是准股东，公司首份章程的签署主体是公司的全体股东。在一般情况下，投资协议和首份公司章程的签署人是一样的，都是公司的创始投资者。但是，投资协议和公司章程，实际上是两种性质完全不同的文件，投资协议是一个契约，而公司章程则是一份自治性文件。那什么叫契约，什么又叫自治性文件呢？

契约，就是一份合同，合同中需要说清楚签约各方的责任、权力和利益，是“一个承诺或者一系列承诺”，需要遵循的是《合同法》的规定。我可以和你签一个合同，把我的房子卖给你，但是我不能把隔壁老王的房子卖给你，也就是说，契约只对签约的各方有效，只对签约的各方具备约束力，而对没有参与签约的人则不具有约束力。

自治性文件，类似于规章制度，是组织中的权力机构制定的，用来进行内部管理的文件。自治性文件的管束范围不是针对文件的制定者，而是面向组织内部的相关人员。如公司的考勤制度是人力资源部负责组织制定的，普通的职工可能并没有参与，更没有在上面签字盖章，但这个制度对于一般的职工完全适用。公司章程就是自治性文件，它遵循的是《公司法》的规定。公司章程虽然是由股东协商订立的，但是对于公司内部的董事、监事和高级管理人员同样

适用。

理论听起来很简单，但是现实中一份文件到底属于契约还是自治性文件，往往并不是那么容易判断。我们看一个真实的例子。

2012 年 11 月 16 日，清江生物与宝泽公司签订了《发起人协议书》，共同发起设立清江冷链公司。《发起人协议书》中约定：清江冷链公司注册资本 40,500 万元，其中，清江生物以土地使用权作价出资，持股比例 11.11%；宝泽公司以货币出资，持股比例 88.89%。协议中还约定了不能按时出资的后果：清江冷链公司成立后，如果清江生物因自身原因不能将土地使用权作价入股，清江生物需要赔偿宝泽公司 2000 万元。如果宝泽公司不能按期足额投入资金，则新成立的公司清江冷链公司需要赔偿股东清江生物 2000 万元。

这个协议的特殊之处在于，股东违约没有按时出资，却需要让子公司来承担赔偿责任。清江生物的想法是，清江生物和宝泽公司持有清江冷链 100% 的股权，完全能够代表清江冷链的意思。而且，清江冷链公司的实际控制人是宝泽公司，两家公司的法定代表人是同一个人，清江冷链公司的高管也大多是宝泽公司的自然人股东。既然清江生物的钱给到了清江冷链，那自然可以由清江冷链来承担赔偿责任。

这个协议的约定有没有效呢？法院的判决意见是，清江冷链公司虽然由清江生物和宝泽公司共同发起设立，但是，清江生物、宝泽公司和清江冷链三家公司都是独立的公司法人，独立地承担责任，清江生物公司和宝泽公司不能当然代表清江冷链公司。就像孩子虽然是父母生的，但是孩子都独立了，即使是父母也不能代替孩子做出决定。

所以，清江生物与宝泽公司签订的协议，对他们合资成立的公司清江冷链没有约束力，清江冷链不用承担赔偿的责任。

二、公司章程与投资协议以哪个为准

在一般情况下，投资协议的订立时间比公司章程更早，内容也没有公司章程那么全面，但并不是说公司章程订立以后，投资协议就没有用了。一方面，是因为工商管理部门对公司章程的格式要求比较严格，不是股东想怎么写就怎么写，如果格式不符合要求，公司登记机关不一定能审核通过。因此，股东之间的一些特别约定可能没办法写进公司章程中。另一方面，公司章程需要拿到公司登记机关去备案，属于是半公开的材料，而一些约定属于股东之间的“小秘密”，虽然不违法，但是也不方便被股东以外的其他人看到。所以，哪怕公司已经设立，公司章程也已经生效，投资协议中一些特别条款，如投资人之间的业绩承诺、回购条款、竞业禁止条款等，实际上属于公司章程以外的补充约定，依然对签约的各方有约束力。

现实中，法院的判决也支持这个结论。有一家民营公司宏胜公司要进行转制，在转制之前 23 名自然人股东签订了《股东投资协议》，协议中有一部分内容是关于取消股东出资资格的约定。后来公司转制完成，公司章程也正式生效，关于投资协议中这个取消股东出资资格的约定是否有效的问题，股东之间产生了分歧。这个案件的本质问题就是：公司章程订立以后，股东之间签署的《股东投资协议》是否有效？上海市第二中级人民法院认为：股东投资协议是全体投资人共同参与订立的，协议本质属于合同，依法受《合同法》一般规则的规范和调整。而公司章程是股东订立的，具有公司自治规范性质的文件，依法属于《公司法》所规制的范围。“股东投资协议与公司章程系由投资人形成的两种在本质上存在不同的协议安排，两者之间应为相互平行而非前后承接的法律关系”“公司成立后，股东投资协议在没有被修改、变更、解除以及与公司章程的内容相悖的情况下，其效力并不自然终止或被公司章程的效力所取代”。翻译一下法院的判决就是，协议是否有效，要看协议本身对于生效条件和失效条件是怎么约定的，而跟公司章程是不是已经制定没有必然的联系，除非协议的内容与公司章程的内容有冲突。

现在的问题就是，如果投资协议和公司章程发生了冲突，应该以哪一个文件为准？有一个简单的判断原则，就是看哪个文件订立的时间更晚，就以哪个为准。无论是投资协议，还是公司章程，在法律允许的范围内，都可以对其中的内容进行调整。订立时间靠后的文件，可以看作是对前面文件的修正，两者之间有冲突，当然要以修正后的内容为准。不过，如果前面先签的那个协议中有一些特殊的约定，如在投资协议中约定公司章程中不能作出与此相反的规定，那即使后来订立的公司章程中进行了不同的规定，也可能会被认定为是无效条款。如果投资者确实要对这些条款进行修改，只能先对前面签署的协议进行修改，然后再修改公司章程，虽然操作起来麻烦一些，但也正是因为这种麻烦，才保证了协议签署的严肃性，否则，谁还敢相信协议的效力呢。

不仅仅投资协议和公司章程可能发生冲突。有时候公司可能存在好几份公司章程，而不同的公司章程之间也会有冲突。前面提到，公司登记机关对于公司章程的格式和内容是有一定要求的，有的公司为了保证公司登记机关能审核通过，但是又想把相关的条款写进章程里面，就搞出了两个“黑白章程”，登记备案用的是一套，自己公司留存的是另一套。一旦发生了纠纷，双方都把对自己有利的章程文件拿来当作依据，这个时候，应该以哪一个章程为准呢？

判断的基本原则也有两个：一个是像前面说的，哪个时间靠后就以哪个为准。另一个原则是，公司章程修改不能损害善意第三人的利益，股东之间协商各自的权责利，这没问题，但是股东不能合起伙来一起商量去损害其他人的利益。

实际上，因为公司章程备案具备规范性和公开性，对于一些不便于公开的信息，除了签署投资协议以外，公司也会以股东会决议的形式记录下来，股东会决议对各个股东以及公司的董监高同样也有法律效力，但是公司的股东会决议，当然这里说的是没有上市的非公众公司，除了公司的股东等内部人员外，公司以外的人轻易是看不到的，信息也就不会轻易泄露了。

第4节

修订

“章程不是你想改，想改就能改”

有限公司和以发起方式设立的股份公司[①]，在公司设立之初制定的公司章程需要得到所有股东的认可，并在上面签名、盖章。以募集方式设立的股份公司，设立之初的公司章程需要经过成立大会审议通过。前面的章节中已经提过，公司章程相当于公司的“宪法”，保持其相对稳定是非常有必要的，但是毕竟社会在发展，人类在进步，公司内部的情况在变，面临的外部环境也在变。为了能够适应公司的发展需求，就需要对公司章程进行修正。这一小节我们来讨论一下公司章程修订的程序，以及过程中需要注意的事项。

---

① 股份公司的设立有两种方式，一种是发起设立，与有限公司的情况类似，由所有的发起人共同来完成出资。另一种是募集设立，发起人先制定公司的设立方案后，向外界的投资者募集一些资金，共同完成出资。现阶段，募集设立的方式已经事实上不可行了，基本上所有的股份公司都是发起设立，或者由有限公司转制而来。

一、什么时候需要修改公司章程

公司修改章程，通常基于以下两种情况。

一种是为了适应公司经营发展的需要，对公司的基本情况进行调整。比如公司发展壮大引入了新的投资者，需要增加公司的注册资本；公司因为业务拓展需要调整公司的经营范围；公司开始筹备上市需要将公司类型由有限公司调整为股份公司等。

另一种是为了对公司各个治理主体之间的权力体系进行调整。比如调整公司的组织机构，增加董事会的人数或者高管的人数；随着公司运营逐步规范，重新梳理股东会、董事会、高管层之间的权责界面，把之前一些由股东会行使的权力授权给董事会行使；或者为了回应一些投资者的要求，改变公司的分红比例和分红节奏；又或者对之前一些存在漏洞的条款进行优化完善。

以上两种情况彼此可以是相互独立的，比如公司可能会因为增加公司注册资本这一个原因而修改公司章程，也可能因为调整董事会的人数而修改公司章程。同时，这两种情况又是互相关联的，比如因为公司引入了新的股东，增加了公司的注册资本，同时对董事会的人数进行调整，并对股东会与董事会之间的权责界限进行重新划分。

二、公司章程修订的一般程序

一个公司要想修改公司章程，最终是由董事会决定还是股东会决定？对于这个问题，我相信看到这里的你心中已经有了答案。公司章程是规定股东和董事、监事、高管权责利的文件，这么重要的文件要修改，当然得公司的最高权力机构，即股东会来最终确定。

股东会是最终的“拍板”方，但是在股东会审议决策之前，需要有人把这个“板”先拿出来，这个“拿板”的人就是公司的董事会。公司章程修订的一般程序是：董事会先组织制定修订方案，经过董事会审议通过后，由董事会召集股东会，请股东会最终决策，经股东会审议通过后，再由董事会负责办理变更登记等程序。

这其中关键的问题是：股东会讨论章程修订这个议题的时候，需要多少股东同意才能够通过？

要想得到这个问题的答案，得看公司现在有效的公司章程是怎么规定的。当然，公司章程也不能随意地对通过的条件进行规定，因为《公司法》中对于公司章程修订有一个基本的要求：有限公司修改公司章程，“应当经代表三分之二以上表决权的股东通过”。股份公司修改公司章程，“应当经出席会议的股东所持表决权的三分之二以上通过”。也就是说，三分之二表决权的股东同意，是能够对公司章程进行修改的最低要求。如果公司现行的章程中约定，修改公司章程需要更高比例的股东同意，比如需经代表四分之三以上表决权股东通过，需经代表五分之四以上表决权股东通过，甚至是必须经全体股东同意，则需要按照公司章程的规定来执行。

假设这样一种情况，一家有限公司现行有效的章程规定，修改公司章程需要代表三分之二以上表决权的股东通过，公司召开股东会会议，代表80%表决权的股东同意对公司章程进行修订，修订后的公司章程中规定：公司持股比例5%以下的小股东不参与公司分红。这个股东会决议有效吗？公司可以据此对公司章程进行修订吗？

从基本常识上判断，这个决议应该是无效的，如果大股东能这么欺负小股东，就没有小股东敢给公司进行投资了。事实上，这个章程确实不能这么修改，因为《公司法》中有规定，不按照出资比例分取红利需要全体股东共同约定才可以。《公司法》之所以规定公司章程修订需要三分之二表决权的股东同意，而不是全部股东同意，是考虑到决策的成本问题。假如公司章程的修改需要全部股东同意才可以进行，那只要有任何一个小股东不同意，或者不表态，章程修订的事情就无法开展，那公司的运行效率将会非常低。但是这并不意味着小股东就完全没有话语权，在涉及与自身利益密切相关的事项时，比如这里提到的分红权调整，小股东也拥有一票否决的权利。

实际上，哪怕《公司法》没有对分红权的调整作出明确的规定，大股东也不能自己决定取消小股东的应得利益。因为《公司法》中还有另一条原则性的规定，公司股东“不得滥用股东权利损害公司或者其他股东的利益”。

三、不是所有的修改必须经过三分之二表决权通过

是不是只要修改公司章程，就得召开股东会，并经过三分之二以上表决权的股东同意呢？比如只是有限公司的股东改了个名称，更换一下公司住所，相应地要修改公司章程，也需要召开股东会来审议吗？

公司章程之所以要由股东会来进行审议，目的是要保护股东的权益，而股东更改名称，更换地址，并不会对其他股东的利益造成什么损失，所以，对于股东个人信息的修改，并不需要由股东会来进行审议。

同样的道理，有限公司的股东转让了股权，是对公司章程中有关股东和出资额的情况进行修改，但只要前面的转让过程是合法合规的，那对于这个事项的修改也不需要经过股东会审议。

上面的这些情况还比较容易判断，接下来我们看一下稍微有点挑战的例子。

有一家有限责任公司，法定代表人为了保障自己对公司的控制权，在公司章程中约定“公司的法定代表人由董事长某某担任”，现在公司要想换掉这个法定代表人，需要召开股东会并经三分之二以上表决权的股东同意吗？

有一种观点认为,《公司法》中明确规定,有限公司修改公司章程,需要代表三分之二以上表决权的股东同意。既然公司把法定代表人的姓名写进了公司章程,那要换法定代表人,就得按照修改公司章程的程序来执行。

另一种观点则认为,法定代表人的姓名在公司章程中只是一个记载的事项,更换法定代表人按照人员调整的程序办理,而不是按照修改公司章程的程序办理。

最高人民法院在2014年的一个案件判决中支持了第二种观点,最高人民法院认为:从立法本意来说,只有对公司经营造成特别重大影响的事项才需要经过三分之二以上表决权的股东通过。公司法定代表人一项虽然是公司章程中载明的事项,但对法定代表人名称的变更在章程中体现出的仅仅是一种记载方面的修改,形式多于实质,公司内部治理中由谁担任法定代表人应由股东会决定,只要不违背法律法规的相关规定就应认定有效。从公司治理的效率原则出发,倘若对于公司章程制定时记载的诸多事项的修改、变更都需要代表三分之二以上表决权的股东通过,则反而是大股东权利被小股东限制,跟法律确定的资本多数决这个原则是不符的。如果更换法定代表人必须经代表三分之二以上表决权的股东通过,那么小股东只要不同意就永远无法更换法定代表人,这既不公平合理,也容易造成公司僵局。公司更换法定代表人,只要股东会的召集程序、表决方式不违反法律强制性规定和公司章程的规定,即可多数决,也就是经超过二分之一表决权的股东通过即可。

所以，对于修改公司章程到底需要多少股东同意才可以通过，不能机械死板地执行，而是需要根据《公司法》的立法宗旨来判断。如果对于公司章程的修改，只是对于既定事实的记载，不会因此而损害公司股东的利益，也不会影响公司的经营，那对于公司章程的修改就不需要非得经过三分之二以上的股东同意，有时候甚至不需要经过股东会的审议，而是可以直接办理变更。不过，修改公司章程需要在市场监督管理机构进行备案，而各个地方的市场监督管理机构办事窗口的要求并不完全一致，在具体办理的过程中，还是需要以当地办事机构的意见为准。

延伸阅读 公司章程无效的七种情形

这一章我们一直在强调，要特别重视公司章程，充分利用公司章程来争取自己的合法权利。不过，凡事都得有个度，股东所争取的权利需要保持在法律法规所允许的范围内。超出了这个范围，哪怕所有的股东都同意，并把它写进了公司章程，这个条款也是无效条款。

一、什么样的公司章程是无效的

公司章程，是公司的自治性文件，所谓自治性，就是尊重股东自己治理的意思。只要股东之间达成一致意见，而且没有违法违规，公司章程就是有效的。反过来说，只有在章程的内容违反了法律法规强制性规范的情况下，公司章程才可能会被认定为无效，这里的法律法规包括《公司法》，以及其他的法律和行政法规，比如《证券法》《市场主体登记管理条例》等。

所谓法律的强制性规定，就是那些你不能选择，必须遵守的规定，比如“喝酒不开车，开车不喝酒”就是强制性规定。在《公司法》中，那些“必须”“不得”之类的规定就是强制性规定。那些违反之后可能损害国家和社会公共利益，可能损害金融安全、市场秩序的行为，也都是属于强制性规定的内容。

当然，公司章程中不同的条款之间，它们的效力是相对独立的，就像一份试卷中，一道题错了不会影响其他题目的得分一样。公司章程中部分条款无效并不会影响公司章程的整体效力，除了那些无效条款之外的其他条款，符合法律法规的情况下依然是有效的。

二、公司章程无效的七种具体情形

接下来，我们介绍七种公司章程无效的具体情形，这些情形均来自真实的案例，有法院的判决结果作支撑。

（一）公司章程没有经股东签名、盖章

案例来源：广东省东莞市中级人民法院民事判决书（2015）东中

法民二终字第1746号。

案情简介：新雅乐公司工商登记的股东有3人，分别是钟某祥、游某良和张某权。钟某祥和游某良称，新雅乐公司设立登记时向工商局（现市场监督管理局）提交的公司章程没有经过他俩的确认。经司法鉴定，公司章程上“游某良、钟某祥”的签名确实不是两人亲笔所签。

案例分析：根据《公司法》的规定，股东应当在公司章程上签名或者盖章。新雅乐公司的章程上没有钟某祥、游某良的本人亲笔签名，说明章程的内容不能代表钟某祥和游某良的真实意思，该公司章程无效。

湖北省咸宁市中级人民法院民事判决书（2015）鄂咸宁中民终字第709号中提到了类似的案例：泰发公司准备修改公司章程，公司没有召开股东会，而是由股东直接在决议文件上签名的方式形成了股东会决议。这种方式本身是没有问题的，《公司法》中有明确规定，有限公司股东以书面形式一致表示同意的情况下，可以不召开股东会会议，直接作出决定。但是在这个案例中，泰发公司的其中一个股东郑某湘并没有收到会议通知，也没有在决议文件上签字，最终章程的修改被法院判决无效。

（二）未经全体股东一致同意，修改分红与优先认购条款

案例来源：上海市第一中级人民法院民事判决书（2007）沪一中民三（商）终字第172号。

案情简介：上海康达化工有限公司章程第25条规定，公司新增资本时，按照股东会决议可以优先认缴出资。

案例分析：《公司法》允许有限公司的股东，可以不按照出资比例优先认缴出资，但前提是必须经过全体股东一致同意。而股东会做出决议在一般情况下只要多数股东同意即可，也就是说，哪怕有个别股东不同意，也可以形成有效的股东会决议。全体股东同意和股东会决议通过这两者之间的差异就像“雷峰”和“雷峰塔”之间的差异一样大，不能经股东会决议而剥夺股东的优先认缴权，该条款被确认无效。

除了认缴新增资本以外，不按照实缴的出资比例分取红利，也必须获得全体股东的同意才可以实施。

（三）股东会议事方式和表决程序违法

案例来源：上海市第一中级人民法院民事判决书（2007）沪一中民三（商）终字第172号。

案情简介：上海康达化工有限公司章程第29条规定，股东会作出决议，须经出席会议的股东所持表决权过半数通过。但股东会作出有关公司增加或者减少注册资本，分立、合并、解散或者变更公司形式及修改公司章程的决议必须经出席会议的股东所持表决权的三分之二以上通过。

案例分析：股份公司召开股东会会议，计算表决权的分母是出席会议的股东所持有的表决权，不参加会议的股东不计算在内。而有限公司召开股东会会议，计算表决权的分母是全体股东所持有的表决权，即使不来参会也要计算在内，这是由有限公司的“人合”特性决定的，公司自己不能改变这个规定。上海康达化工有限公司作为有限公司，却按照出席会议的股东来计算表决权，与《公司法》规定不符，被确认为无效。

（四）将股东会的法定职权授权给董事会行使

案例来源：贵州省高级人民法院民事判决书（2015）黔高民商终字第61号。

案情简介：报业宾馆设立时，公司的全部两名股东共同制定了公司章程，章程第7条规定：宾馆设董事会，行使下列职权：（1）决定宾馆的经营方针和投资计划；……（8）对宾馆增加或者减少注册资本作出决议；……（10）对宾馆合并、分立、变更、解散和清算等事项作出决议；（11）修改宾馆章程。

案例分析：在股东会审议通过的情况下，股东会确实可以把一些职权赋予董事会行使，但其前提是不能违反法律法规的强制性规定。我国《公司法》明确规定，有限公司股东会会议作出修改公司章程、增加或者减少注册资本的决议，以及公司合并、分立、解散或者变更公司形式的决议，必须经代表三分之二以上表决权的股东通过。也就是说，以上这些事项只有公司的股东会才有决定权，这是股东会的法定职权，不能将它授权给董事会来行使，哪怕所有股东都同意也不行。所以，报业宾馆的上述条款无效。

（五）股东出资方式不合法

案例来源：北京市第一中级人民法院民事判决书（2016）京 01 民终 2242 号。

案情简介：治政公司章程第 5 条规定，金瑞投资公司用实物 700 万元出资，即用 55.64 亩农民集体土地使用权及其地上建筑 7919.5 平方米的房屋作价向治政公司出资。

案例分析：我国农民集体土地的使用有非常严格的限制，只能用于兴办乡镇企业和村民建设住宅、乡（镇）村公共设施和公益事业建设，且需要经过相应的审批。治政公司不属于乡镇企业，用农民集体土地使用权出资入股违反了《中华人民共和国土地管理法》的相关规定，也未得到相关部门批准。所以治政公司章程第 5 条的规定，违反法律法规强制性规定，属于无效条款。

（六）股东权利义务不对等

案例来源：上海市第一中级人民法院民事判决书（2007）沪一中民三（商）终字第 172 号。

案情简介：上海康达化工有限公司章程第 24 条规定，自然人股东死亡后，合法继承人只继承部分股东权利和所有义务，合法继承人可以出席股东会，但必须同意由股东会作出的各项决议有效。

案例分析：对于股东资格的继承，《公司法》允许公司章程对继承条款作出自己的规定。但是，如果继承人可以继承股东资格，就意味着股东的权利和义务全部继承，而不能只继承部分权利。对于有限公司股东的表决权，《公司法》也允许股东不按照出资比例行使表决权，但不能剥夺股东行使表决权的权利。所以，上述的章程条款被确认无效。

（七）公司章程修订程序不合法

案例来源：江苏省南通市中级人民法院民事判决书（2014）通中商终字第00655号。

案情简介：启东医药公司召开股东会，审议通过了修改公司章程的议案，明确章程修改内容为“经营范围增加保健食品”，而后启东医药公司在实际办理工商变更登记时提交的章程修改稿中，除经营范围增加保健食品外，还有十多处修改。工商登记部门给办理了变更登记手续。

案例分析：工商行政机关对公司章程变更仅仅是进行形式审查登记，不能因为工商行政部门给办理了备案，就认为这个章程是有效的。对于公司章程无效的诉讼，也不受诉讼时效的限制。启东医药公司办理工商变更登记的章程，与股东会审议的章程内容不一致，那些没有经过股东会审议的内容无效。

6 第六章

外部治理

第 1 节

制约

机构投资者有哪些“特权”

在前面几章，我们从股权架构谈到公司的股东、董事和高管，再到公司章程，说的主要是公司的内部治理，如何建立一整套的机制，对公司内部的治理主体进行激励和监督。这套机制确实很复杂，但归根结底都是由企业内部的人制定的，主动权掌握在公司内部。公司治理更大的不确定性挑战，来自外部治理，也即公司以外的投资人、政府、公众对公司的影响。

这一小节，我们先来分析一下机构投资者对于公司治理的影响。机构投资者是指那些专门进行证券投资的机构。机构投资者其实也是公司的股东，但他们属于比较“消极”的股东。这里说的“消极”不是说他们不看好公司，或者本身比较悲观，而是指他们一般不太热衷于参与公司的内部治理。即使参加股东会，大部分情况下也会支持控股股东的意见，就像一只温顺的小猫，有时候你甚至觉得他没什么存在感，用现在流行的话说就是非常“佛系”。但是，机构投资者所拥有的能量又特别大，一旦他发起威来，就会变成一只威猛的老虎，足以对公司的股东以及内部管理者形成巨大的影响，有时候甚至能够决定一家公司的存亡。机构投资者参与公司治理的方式主要有两种：一种是买卖股票，即“用脚投票”，另一种是直接参与决策，甚至主导决策，即“用手投票”。

一、“用脚投票”，影响股价

买卖公司的股票，本来是一件挺正常的事情，但是也得看买卖股票的主体是谁。就像咱们普通人吃饭穿衣是正常的小事儿，但是明星公开说自己吃了哪家的饭，穿的是什么牌子的衣服，影响就要大得多。

机构投资者，相当于投资界的“明星”，因为他们的资金实力比较雄厚，买卖股票的量通常会比较大。更重要的是，机构投资者是“专业”的投资者，他们内部有非常专业的团队，会对企业的信息进行研究，对企业未来的发展作出判断，机构投资者买卖股票的行为，往往会被市场解读为是某种信号，从而影响整个市场的投资情绪。

如果某个机构投资者大量抛售某个公司的股票，市场就会认为，这个机构投资者应该是发现了这个公司“还没有说出来的秘密”，其他股东就会跟着抛售，从而引起股价下跌。这就会给公司的控股股东和董事、高管带来非常大的压力，不仅他们个人的资产会跟着大幅缩水，还可能引发监管机构和其他投资者的问询。如果公司恰好确实有一些没有公开的问题，被暴露出来，可能会引发连锁反应，导致公司整体崩溃。

二、“用手投票”，参与治理

机构投资者在投资公司的时候，一般都会向公司的原股东争取一些“特权”。因为投资者这个时候是来“送钱”的，是来帮助公司解决“生存口粮”的大问题，当然要强势一些。不过，这些“特权”通常会附有生效条件，一般情况下不会使用。所以，公司的原股东一般不会拒绝。机构投资者在投资协议中争取的“特权”，一般有以下这几种：

（一）清算优先权

清算优先权，是指在公司解散分财产的时候，机构投资者有优先分得财产的权利。

举个例子，假如机构投资者前期投入了 1000 万元，约定 1 倍的清算优先权，那公司在分配剩余财产的时候，要首先给机构投资者分 1000 万元，剩下的财产才能够分配给其他股东。如果是约定 2 倍的清算优先权，那就要先给机构投资者分 2000 万元。当然，机构投资者能拿到钱的前提是公司拥有的资产足够多。如果公司所有可以拿来分配的资产一共就 500 万元，那机构投资者最多也就只能分得 500 万元，不够的那部分也不能要求其他股东来补足。

（二）反稀释条款

反稀释条款，又叫反股权摊薄条款，如果机构投资者进入公司后，公司再开展融资、股票拆分等行为，这个条款可以保证投资者的股份价值不降低，或者持股比例不降低。

投资者要想保证自己投资公司后，所持有的公司股份价值不降低，就会要求公司后续再融资的时候，公司的估值要比自己进入的时候更高，起码不能比自己投资的时候估值低。

举个例子，假设投资者投入了 2000 万元，投资后公司的估值是 1 亿元，投资者持股比例是 20%。如果公司下一次融资的时候，公司融资前的估值反而成了 5000 万元，那投资者所持有的股份就只值 1000 万元了，相当于初始投资亏损了一半，这是投资者难以接受的。可是，现实中，确实有可能发生后面的估值比前面的更低的情况，这时候原来的投资者会要求公司的原股东做两件事情：一是给予现金补偿，在前面的例子中，可以由原股东向投资者付 1000 万元补偿金；二是给予股份补偿，比如原始股东将自己持有的股份转让 20% 给投资者，投资者持有的股份比例就变为 40%，按照 5000 万元的估值，还是价值 2000 万元。

投资者要想保证自己投资公司后，对公司的持股比例不降低，就会要求公司如果发生送股、拆股等股份转换事项时，要保证投资者的持股比例跟转换前保持一致。如果公司后续再进行融资，投资者拥有优先认购新股的权利。

（三）对赌条款

对赌条款，又叫估值调整条款。设置这一条款的主要原因是投资者和公司原股东对公司现在的估值意见难以统一。公司估值是投资者做出投资决策的一个重要条件，决定了投资者出相同的钱能拿到多少的股权，原理跟你在菜市场买菜一个道理。作为公司原股东（卖方），当然希望价格越高越好，而作为投资者（买方），则希望价格越低越好。如果双方非常愿意一起开展合作，但就是价格有分歧，对赌条款就能派上用场了。投资者会暂时接受公司原股东方提出的估值。如果公司未来的业绩没有达到预测值，将来再按照实际的业绩对估值进行调整，并根据调整后的估值对投资者进行补偿。对赌的目标也可能是非财务类的指标，比如未来五年内实现上市，如果没有实现，则公司的原股东按照某一个约定的价格回购投资者所持有公司的股权，或者向投资者支付一笔补偿金。

对赌条款曾经是国内的机构投资者常用的利益保障方式，它可以大大地减少投资者的决策成本。你肯定听过一句话叫“投资有风险”，投资一家公司固然是因为看好它，但是未来能不能真的如愿，谁也不敢百分百保证。而对赌条款大大降低了这种风险。如果公司发展确实如预期的一样好，那投资就是值得的，而如果公司发展没有预期的好，投资者还可以通过对赌执行获得相应的补偿。

签署对赌条款的项目，成功的确实有，比如当年摩根士丹利投资蒙牛时就签了对赌协议，后来蒙牛借助投资者的资源达到了对赌目标，实现了投资者与企业的双赢。但现实中更多的还是失败的案例，尤其是那些对赌未来几年上市的项目，失败的项目远比成功的项目要多得多。

（四）领售权

领售权，就是带领销售股权，如果有第三方想要购买投资人的股权，投资人可以要求公司的其他股东一起把股权卖掉。也就是说，只要投资者要求，其他股东就得跟着卖股权。

投资者之所以想要这样的权利，是因为这可以大大增加投资者卖出股权的概率。投资者自己持有公司的股权一般不会太多，如果第三方购买股权的目的是要控制这家公司，只买投资者的股权就难以实现购买方的目标，投资者卖出股权的概率就会比较低，但是如果投资者能带领其他股东一起卖股权，第三方购买的意愿就会大大增加。

这个条款是非常“霸道”的，一旦触发，公司的创始股东会变得非常被动。现实中，为了让条款能够取得双方的认可，会对条款的履行增加很多的限制条件，比如需要原股东过半数同意，股权转让价格不得低于某一个数值，公司的原股东在相同条件下拥有优先购买权等。

（五）随售权

随售权，是跟随其他股东出售股权的权利。在公司的原股东（通常是控股股东）出售公司股权的时候，投资者有权利要求按照相同的条件随着其他股东一起把股权卖掉。

随售权与前面的领售权相比，是比较“温和”的条款，这个条款的主要目的是，在面临控股股东离场的情况时，投资者可以有一个退出的渠道。也可以在一定程度上阻止公司的原股东退出，维持公司现有的经营状态。

投资者拥有的这些“特权”，就像安在十字路口的交通摄像头，当司机按照交通规则驾驶的时候，它们完全不会对司机开车造成影响，但是一旦司机违规，罚单就会如约而至。而正是因为司机知道那里有摄像头，他就会对自己的行为有更多的自我约束，这是机构投资者对公司治理更重要的影响，也是那些“特权”存在的普遍意义。

第2节

公开

公司上市的荣耀与烦恼

对于任何一家公司，上市成功都是件值得庆祝的大事件。不过，一家公司到底要不要上市，不同的人看法也不一样。有一些人对公司上市是举双手支持的，美图创始人吴欣鸿就曾说："能上市尽量上市，哪怕现在行情不太好。因为上市后格局会更大。"也有一些企业家则对上市没有什么兴趣，像老干妈的创始人陶华碧，就称老干妈坚决不上市。还有一些企业家，在不同时期对上市的看法也不一样，像小米的雷军、海底捞的张勇，曾经也宣称自己的公司绝不上市，最后还是敲响了上市的钟声。同样都是成功企业家，怎么对于上市的看法差别这么大？公司上市究竟对于一家公司来说意味着什么变化？

一、上市的荣耀

上市当然有好处，要不然也不会有那么多公司，争着抢着要去上市。很多人提到上市首先想到的是又创造了多少个千万富翁，甚至亿万富翁。这些当然没什么问题，但如果只能想到这些，那格局就小了点，上市带来的好处还有很多。

（一）方便筹资、应对风险

公司上市，首先的一个大好处就是拥有了向大众筹集资金的资格。

所谓"一分钱难倒英雄汉"，无数的公司最后失败就败在了资金链断裂上。哪怕是现金流再好的公司，也不敢说自己就永远不会遇到“缺钱”的烦恼。2020 年新冠肺炎疫情暴发，商场持续好几个月关门，当时西贝的创始人贾国龙就说，账上的现金流只够发 3 个月的工资，曾经扬言“西贝永远不上市”的贾国龙，也改口称会重新评估上市这件事情。

比尔·盖茨有一句名言：“微软离破产永远只有 18 个月”，一家企业永远不知道明天会不会有一只“黑天鹅”趴在自己家的后院里。公司现在不缺钱不代表未来不会缺钱。而公司上市，让公司基本实现了“不差钱”的梦想，就冲着这一个优势，公司也应该认真地考虑上市这件事情。

（二）权威认证、获得信任

在任何地方，公司要实现上市都不是一件容易的事情，而正是因为这件事不容易，拿到上市资格的公司就相当于获得了一个市场的“品质认证”。两个基础能力差不多的公司，一个是没上市的公司，一个是上市公司，那个上市公司通常会更容易获得市场的认可。

一方面，公司能够上市，起码说明公司的资质、产品还是不错的，公司的治理是比较规范的，公司的财务是基本真实的，综合能力是能够经受市场检验的。

另一方面，证监会和交易所对于上市公司信息披露有非常严格的要求，上市公司把公司的内部信息向公众展示，接受社会大众和监管部门的检验，也向社会传递出一种积极的信号，就是“我是清清白白的，我是站着赚钱的”。实际上，在强监管的状态下，上市公司如果有什么问题，也更容易被监管机构和市场发现，从另一个角度看，上市公司没有被发现有什么问题，说明其经营状况大概率是真实的。

（三）规范治理、制约权力

上市带来的另一个好处是可以制约内部管理者的权力。按照上市公司的信息披露要求，公司所有的董事会、股东会决议，以及重大的事项都要及时向市场公告。如果内部的管理者真做了有损公司利益的事情，或者没有遵守内部规则，利用手中的权力为自己谋取私利，就会面临外部投资者，甚至是监管机构的问责。实际上，在这种监督机制下，绝大部分的管理者也不敢做那些不合规的事情。这就把权力关在了“笼子”里面。

跟一般的初创企业或者非公众公司相比，上市公司的内部治理要规范得多，各个治理主体之间的相互制衡也更有效。很多家族企业，在第一代创始人退休以前，都想着把公司做上市，主要的目的不是为了融资，更不是为了自己变现，而是想把公司带入一个规范治理的境界，哪怕是将来依靠职业经理人，也可以让公司的经营维持下去。

（四）价格透明、便于激励

公司发展到一定阶段，对公司管理者进行股权激励，几乎是一个必选动作。毕竟在“抢人才”方面，各个公司之间竞争也很激烈，别的公司都做股权激励，你不做，就很难留住人才。如前面章节所述，以什么样的价格来进行激励是股权激励中的一个关键问题。在没有上市的公司中，创始人和被激励的管理者之间，对公司现在的估值可能会存在不同的看法。创始人认为公司现在 1 股的价格起码值 20 元，现在以 15 元每股的价格出售给管理者，激励力度已经非常高了。而管理者可能会认为，公司股份也就值 10 元每股。而对于上市公司来说，股票值多少钱，市场上有明确的股票价格作为参考，起码在价格方面不会有太大的分歧。

二、上市的烦恼

泰戈尔说：“最好的东西都不是独来的，它伴了所有的东西同来。”上市给公司带来众多荣耀的同时，也带来了很多的烦恼。

（一）外界监管压力

信息披露确实为上市公司争取到了“印象分”，但是也给公司的管理带来了很大的压力。每时每刻，都有无数双眼睛盯着公司，政府监督机构、外部的投资者、众多媒体，拿着放大镜来找公司的问题。稍微有一点反常的表现，都会引发无数的疑问。

尤其是随着买股票的人越来越多，上市公司对于社会的影响也越来越大，一旦某个大型上市公司出现问题，影响到的可能是几万甚至是十几万的股民。因此，监管机构对上市公司的要求越来越严，要求披露的内容也越来越多。有一些事情，没有上市的小公司做是可以的，已经上市的大型公司就不行，就是因为上市公司的体量太大，对社会所造成的影响是小公司不能比的。在这种环境下，上市公司的合规性确实是提高了，但是决策的效率却降低了。管理者，尤其是职业经理人，在做决策的时候，首先要考虑的就是合不合规的问题，而这势必会让公司失去很多本来能够抓住的机会。

此外，公司披露出来的信息，不仅监管层和投资者能看到，自己的竞争对手也能看到。一个专业的分析师，通过上市公司的招股说明书和公告，就可以挖掘出很多的“内部秘密”。如果上市公司的这个“秘密”被竞争对手利用，自己在竞争当中就会处于更不利的地位。

（二）市值波动压力

上市的公司的市值，或者说股票价格，是投资者最为关注的指标。一旦股价发生较大的波动，尤其是向下的波动，就会引发社会的特别关注。但是，短期的股价波动是公司无法控制的，有时候股价完全会因为一些毫不相关的原因而出现非理性的波动。

即使是在正常的情况下，影响公司股价的也是年度收入、利润这些短期指标。如果公司年报公布后，实际的财务指标低于预期，就可能会带来股价下跌，而这是投资者不愿意看到的。所以，很多时候，上市公司的管理者会想尽各种方法来实现年度预期指标，比如以特殊低价卖一批产品，减少当期的研发投入，或者把研发费用资本化处理，以减少当期的研发费用，甚至是直接出售一整块业务，以增加公司当年的利润，而这对于公司的长远发展很可能是非常不利的。

（三）高管激励难题

前面我们说上市公司公开的市值有利于开展股权激励，这是对于那些新任的管理者而言。对于公司的元老级管理者，情况恰好相反。他们在公司上市之前就已经拥有了比较多的股份，在公司上市以后，股价上涨，股份可以自由转让，自己早已成了大富翁，财务激励对于他们来说很难再有什么实际效果。很多创始团队在公司上市以后开始“躺平”，享受生活，但是他们又占据着公司的高管职位，对于这些人的激励，反而成了难题。

（四）控制权风险

公司上市是用股权换资金。公司在上市之前可能已经开展了多轮融资，创始股东本来持有的股权比例已经不多了，公司上市后，创始股东所持有的股权会进一步降低。虽然通过 AB 股等设计，可以暂时保持对公司的控制，但毕竟股东多了，对创始股东的控制权是一种制衡。况且，一旦创始股东发生股权变动，或者经营出现问题，创始股东所持有的特权股就可能失效，从而完全失去对公司的控制权。而如果控股股东在上市之前没有做特殊股权设计，上市之后，对公司控制权不具有绝对优势，就可能会吸引“门外的野蛮人”关注，引发“恶意并购”，被外部投资人“赶出”公司。

第3节

斗争

“恶意并购”者到底坏在哪里

一家公司要想做强做大，冲出亚洲，走向世界，可以有两种发展思路，一种是完全靠自己经营，稳扎稳打，一个产品、一个产品地做，一个区域、一个区域地争取，这种方法被称为“内生增长”。另一种就是开展兼并收购，把其他的公司买过来，快速扩大产品线、市场区域和影响力，实现弯道超车，这种方法被称为外延式增长。当然，这两种发展思路不是矛盾对立的，现在的大公司，几乎都是“两手抓，两手都要硬”，既有自己的原始积累，也有发展过程中的兼并收购。大部分情况下，兼并收购的气氛都是比较和谐的，一个愿买一个愿卖，各取所需，皆大欢喜。不过，也有一些兼并收购会引发被并购公司股东或管理者的强烈对抗，这种并购被称为是“恶意并购”①。

① 因为有限公司股东在转让股权的时候，其他的股东拥有优先购买权，所以一般不会发生“恶意并购”的事情，后面我们说到关于“恶意并购”的公司，也指的都是股份公司。

一、为什么要兼并收购

兼并收购，指的其实是两件事。兼并又称吸收合并，被吸收的公司连人带资产都并入另一家公司，被吸收的公司从此消失。比如2015年“58同城”吸收合并“赶集网”，“赶集网”变成了“58同城”的一部分。还有中国南车和北车合并，新成立了一家新公司叫中国中车，原来的两家公司都进行注销。而收购是指投资者取得被收购公司的控股权，对于被收购公司而言，生产经营照常进行，只是换了个控股股东。这两者在具体操作上有所区别，但实质的效果是类似的，就是改变了公司的实际控制人，公司的治理体系和内部人员也会随之进行调整。在实践中，常常把兼并收购统称为并购。并购之所以会成为市场的“宠儿”，是因为这个工作可以带来很多好处。

（一）做大规模，提升影响力

假设一条商业街上有20家服装店，规模都差不多。这时候，有两家服装店合并成了一家，它马上就会成为这条街上最靓的店，因为它规模最大，形象更为突出，就更有可能招揽到比别家更多的顾客。

在买东西这件事情上，店里的顾客数量就是“活招牌”，一家店里的顾客越多，就越能够吸引其他的顾客进入，它的顾客就会更多，形成一个正向循环。所以，合并之后的店铺，它的收入往往会比合并之前两家店铺加起来的收入还要多。这就是规模效应。

当然，这只是一个简单的例子，现实中的并购业务要比这个复杂得多，但是基本的道理是相通的。通过企业之间的并购，最直接的好处就是增大规模，提升影响力，利用影响力进一步提升业绩。

（二）降低成本，提升利润水平

并购的第二个好处是可以降低成本，这个成本包括多个方面。

一是减少竞争成本。企业之间的竞争是一个普遍现象，打价格战又是两家企业竞争的常规手段。比如我们熟悉的滴滴和快的，两家网约车平台争夺打车用户，美团和大众点评争夺外卖用户，用的都是给用户发放补贴的方式，这种方式非常好用，唯一的缺点就是花钱太多太快。这样相互竞争的对手合并，无疑可以节省大量的营销资金。

二是减少固定成本。两家单位合并，原来的两套职能管理部门可以合并成一套。原来两家公司前台，需要两个人，现在留一个就可以了。两套办公楼可以合成一套，重复的机器设备也可以共享使用，大大节省了这些固定的成本支出。

三是减少外协外购成本。企业的规模大了，外协外购的总规模也更大，就像零售改批发，与供应商谈判的底气更足，也能够争取到更低的外协外购价格，节省外协外购成本。

（三）多元化或专业化，支撑战略调整

关于企业应该多元化发展还是专业化发展，是一个争辩了很久的话题，正反双方都可以举出无数个成功的案例来支持自己的观点。事实上，多元化和专业化，没有哪个方案就一定是正确的，但可以确定的是，不管是想多元化还是想专业化，都离不开并购这个手段。想要多元化经营的，可以多开展兼收并购，比如房地产企业并购家具家装企业，实现协同效应与风险分散。而想要专业化经营的，可以把主业以外的其他业务打包卖出，提升企业的效率。

二、什么是"恶意并购"

既然并购业务是资本市场上很平常的事情，为什么还会有"恶意并购"？并购业务能完成，起码说明这个事情是合法的。但是毕竟两家企业合并，会牵涉很多方的利益，一个并购到底是"善意"还是"恶意"，要看站在谁的角度去评价。

"恶意并购"指的是外部投资者没有经过目标公司管理者[①]的同

① 引发"恶意并购"的公司，一般情况下公司的经营管理主要由公司的管理者来负责，大股东的存在感比较弱，但是"恶意并购"也可能引来公司现有股东，尤其是大股东的反对。这里为了表述方便，以管理者为代表进行说明。

意，通过在市场上购买公司其他股东的股权，取得公司控制权的并购行为。这里面的重点在于，“没有经过目标公司管理者的同意”，因此，“恶意并购”这个称呼是从公司现有的管理者口中说出的。

理由也很容易理解，公司的管理者最终是由公司的股东会来决定的。在管理者不同意的情况下，收购方成为公司的大股东，接下来这个大股东就会召开股东会更换董事，再召开董事会，更换高管。那公司现在的董事、高管就会失去现有的职位和待遇。公司现在的管理者当然会对这个收购方恨之入骨。

实际上，“恶意并购”这个带有偏见的称呼之所以会被社会接受，是因为在现实中，目标公司的管理者往往会以一个“弱势者、情怀者、受害者”的形象出现。宝万之争就是个例子。

2015 年，宝能通过不断在二级市场上收购万科的股权，持股比例超过了华润，成为万科的第一大股东，并一度扬言要把万科的管理者全部换掉。而万科的管理者则表示，不欢迎宝能成为第一大股东，代表人物是万科的创始人王石。王石虽然当时只是万科的一名职业经理人，但由于他对万科的贡献，支持者众多。而收购方的宝能，则被认为是“恶意并购”者，为了赚钱不择手段。

三、什么样的公司容易引发“恶意并购”

并不是所有的公司都会面临“恶意并购”的风险，如果一个公司大股东所持有的股权超过了 50%，那只要大股东不同意，收购者哪怕把其他所有股东的股权都买了，他也只是第二大股东，不可能拥有对公司的控制权。能够成为“恶意并购”目标的公司，一般具有以下两个特征：

第一，公司的股权高度分散。只有在公司股权高度分散的情况下，收购者才有可能通过购买其他股东的股权成为大股东。如果公司的大股东持股比例很高，收购者想不经大股东同意取得控股权是极其困难的。

第二，公司的价值被严重低估。公司的股价长期低迷，而公司未来的发展前景又非常好，实际的价值很高。只有在这种情况下，外部的投资者才有兴趣去并购这家公司，否则，如果公司本身发展前景不好，或者购买的成本极其高，那也没有人想做这个亏本的生意。

四、“恶意并购”的影响

虽然“恶意并购”听起来不像一个正向的评价，但就像前面所述，这个评价只代表了公司现有管理者的意思。对于公司的其他股东，以及公司本身的发展，“恶意并购”并不一定就是坏事。“恶意并购”发生的前提，是公司的股价低于实际价值。而这个世界上不存在无缘无故的股价低估，要么是公司的战略方向有问题，要么是公司的内部管理体系有问题。如果并购事项确实发生了，那新的控股股东就会对公司存在的问题进行处理，问题解决了，公司很可能会迎来新的增长，这对于公司其他的股东和公司的利益相关方都是有益的。从另一个角度看，“恶意并购”方的存在，本身对公司现有管理者就是一种监督和制约，因为担心被外部投资者并购，公司现在的管理者也会洁身自好，不敢做过分的事情。

但是，“恶意并购”确实可能会影响公司的正常发展。由于公司存在被并购的风险，公司的管理者要保住自己现在的位子，就要把短期的业绩做好看一些。对于那些可以影响公司长期发展的工作，比如战略调整、大量研发投入等，如果会对短期指标产生不良影响，管理者则可能会暂时放弃在这些事情上的投入，这对于公司的长远发展来说是不利的。

第 4 节

对策

如何避免“恶意并购”事件发生

2015 年，宝能与万科的股权战争打响，很多上市公司的管理者心中一惊，担心相同的事情会不会哪天也发生在自己身上。资本市场上一时间充满了如何对抗“恶意并购”的讨论。作为上市公司的管理者，当然可以像万科最终的解决方案一样，等到有“恶意并购”者找上门来的时候，去找一个既有能力又跟自己意气相投的“白衣骑士”，来一场“英雄救美”。这个方案理论上是可行的，但最终能否成功，恐怕运气的成分更多一些，毕竟，“灾难”可能随时降临，可“英雄”却不是随时都有。相比之下，更可行的方案是在公司章程中增加反并购条款，让那些“恶意并购”者知道，即使他坐上了第一大股东的位置，也不能在短期内获得公司的控制权。实际上，在“宝万之争”落幕以后的 2017 年上半年，就有 600 多家上市公司修改章程，加入了反敌意并购条款。这些反并购的条款有二十多种，这里我们介绍六种最常用，也最有效的方法。

一、董事提名权

股东要想控制公司，首先得控制董事会，要想控制董事会，需要让董事会中的大多数人成为自己人。所以，选举董事就成为公司控制权争夺战中的一场关键战役。

董事选举权属于股东会，股东会只能在几个董事候选人当中作出选择，而不能在名单之外另选他人，所以，股东会只能决定“谁不能当董事”，不能决定“谁一定能当董事”。而决定谁能进入董事候选名单，取决于另一项重要权力：董事提名权。

《公司法》中并没有明确规定谁拥有董事的提名权，而只是规定，单独或者合计持有公司 1% 以上股份的股东[①] 拥有临时提案权。当然，这个提案权中应该包含提名董事的内容。

为了对抗外来的“恶意并购”者，公司章程可以把董事提名权作为一项单独的权利，与一般的股东提案权进行区别对待。比如，可以在公司章程中规定，只有持股比例达到 1% 以上，持股时间达到连续 180 日以上的股东，才拥有董事提名权，且同一股东提名董事的人数不能超过公司董事会人数的 1/3。这样，即使“恶意并购”者能够控制股东会，在短时间内也不能控制董事会，而这就给公司原来的股东和管理者反击争取到了时间。

二、分期董事会制度

分期董事会制度，也称为交错选举董事制度，这个制度把董事分成不同的组，比如说分成三组，每年只有一组董事任职到期进行改选。除非董事有违法违规行为或者自己辞职，否则在董事任期届满前，股东会不能无故解除其职务。这样，即使“恶意并购”者控制了股东会，也需要 2 年时间才能控制董事会，需要 3 年时间才能全部替换董事成员。

---

① 因有限公司基本上不存在“恶意并购”的情况，本节中提到的公司指的都是股份公司。

实际上，分期董事会制度不仅能够对抗“恶意并购”，它对于公司的持续发展，权力稳步交接也有好处。董事会中有 2/3 的董事是“老人”，可以保证公司的战略和方针能够稳定延续。又有 1/3 的董事是“新人”，可以带来新鲜的血液，保证公司能够跟上发展潮流。

三、“金色降落伞”

“金色降落伞”是指，公司的董事或高管被解雇时，公司需要支付一笔高额的补偿金，让董事和高管能够平稳“着陆”，所以叫“降落伞”，又因为这个补偿的金额通常会非常高，所以这个降落伞是“金色”的。

从反并购的角度来看，“金色降落伞”可以显著增加并购方取得公司控制权的成本。但是从监管的角度来看，“金色降落伞”可能会让董事和高管认为，平常工作做得差点也没关系，反正被公司解雇也可以得到高额补偿。而且，董事和高管作为关联方，这种规定可能会被认为有利益输送的嫌疑。

所以，在制定具体的条款时要注意几点：一是要严格规定实施条件，只有在董事和高管没有违法违规行为，没有不称职的行为，没有违反忠实勤勉义务的情况下被解雇，才可能获得赔偿。二是对于赔偿的金额，不能定太高，底线是不能因为给管理者支付赔偿而影响到公司债权人的利益。

四、对未充分披露信息的股东表决权进行限制

监管部门对于上市公司重大股东的股权变动有明确的披露要求，投资者持有或者共同持有一个上市公司股份达到5%时，要在3天内书面报告并公告，在此期限内不能再买卖该上市公司的股票。在持股比例达到5%以后，持股每增加或减少5%，都需要进行报告和公告。

这个制度的目的一方面是为了实现对上市公司的监管，及时了解上市公司股权的重大变动，避免有投资者利用信息或资金优势进行内幕交易，操纵证券市场。另一方面也是为了保护公司原有股东的利益，让他们能够在合理的期限内充分了解信息，如果对新加入的投资者不满意，可以及时采取措施。

对于"恶意并购"者来说，他们本来就是想通过在二级市场上购买其他股东的股票而获得公司的控股权，他们当然是希望动静越小越好，等到自己已经成为公司第一大股东，"生米煮成熟饭"，再对外宣布。所以，并购方会通过各种各样的方式，比如用几个投资主体分别去购买股票，尽量不引起公司原股东和管理者的注意。甚至违反相关规定，不按披露要求进行信息披露。

对于违反信息披露的收购行为，《证券法》规定，违反信息披露

义务买入上市公司有表决权的股份的，在买入后的三十六个月内，对该超过规定比例部分的股份不得行使表决权。这基本上就堵死了想要通过悄悄买入股票，一举成为大股东的通道。

《上市公司收购管理办法》规定：未按照规定履行报告、公告及其他相关义务，被中国证监会责令改正、采取监管谈话、出具警示函、责令暂停或停止收购等监管措施的，在改正前，相关信息披露义务人不得对其持有或者实际支配的股份行使表决权。但是对于改正之后，这部分股份有没有表决权，则没有进行明确的规定，现实中也经常会产生分歧。

所以，有很多的上市公司在公司章程中对违反信息披露规则收购股票的后果进行了更具体的规定，比如投资者违反信息披露规定收购公司股份的，不得行使其所持或所控制的该等股票的表决权。同时，公司其他股东有权要求其赔偿因此造成的经济损失。

五、提升股东会决议事项的通过比例

“恶意并购”者在取得上市公司第一大股东的地位后，通常会提议召开股东会，审议人员、组织机构调整、资产处置等事项。按照《公司法》，上市公司审议一般事项需要出席股东会的股东所持超过二分之一表决权同意，重大事项需要出席股东会的股东所持超过三分之二表决权同意。并购者已经是第一大股东了，能够很容易争取议案通过。

但是，如果公司章程提高了股东决议事项的通过比例，比如一般事项设置为三分之二以上表决权通过，特别事项设置为四分之三甚至是五分之四以上表决权通过，那只要原来的股东持股比例相对比较高，就可以防止并购者取得大股东地位后利用股东的表决权优势来控制上市公司，甚至转移上市公司资产。

六、"毒丸计划"

"毒丸计划"，又叫"股权摊薄反收购措施"，在"恶意并购"者持有的股权达到一定比例后，公司以超低的价格向除了收购者以外的其他股东发行新股，从而稀释收购者的股权。

举个例子，一家公司注册资本1亿元，发行了1亿股股票，股票的市场价格为20元每股，现在有一个"恶意并购"者，投资了4亿元，获得了上市公司20%的股权。这时，上市公司以10元每股的价格向公司的其他股东发行2000万股新股。五折的价格，其他股东当然不会放弃这个赚钱的机会。随后，公司的注册资本就变成了1.2亿元，并购者的持股比例就变成了16.7%。如果并购者继续在市场上购买公司的股票，那公司就可以再发行一轮新股，让并购者的持股比例永远达不到控制公司的水平。

这是一个"杀敌一千，自损八百"的招数，公司以极低的价格发行新股，当然会损害公司和部分股东的利益，这只是为了逼退“恶意并购”者的无奈之举，所以这个计划才被称为“毒丸计划”，眼下虽然能治病，但是副作用非常大。

“毒丸计划”是国外应对“恶意并购”最常用的手段之一。当年搜狐也是利用这一招打败了北大青鸟对它的收购计划。但是，这个计划实施的前提，是上市公司的董事会拥有发行新股的权力。在我国之前的法律体系中，由于发行新股的权力在股东会，所以“毒丸计划”实际上不具备实施的法律条件。而新《公司法》中已明确将一部分发行新股的权利授予董事会来行使，这就为“毒丸计划”的实施提供了法律土壤。至于具体的操作路径和效果，还需要等待未来的资本市场进行尝试和验证。

延伸阅读　可能是迄今为止最为出名的“恶意并购”案

“恶意并购”者，还有另一个同样不好听的名字“门口的野蛮人”，这个名字就更有画面感了，一群“野蛮人”，没有被邀请，直接来到门前，强行获得公司的控制权，并将公司原来的“主人”赶出去。这个称呼被公众所熟知，是因为一本同名书籍《门口的野蛮人》，这本书讲的是，1988 年，杠杆收购界的头部公司科尔伯格 – 克拉维斯 – 罗伯茨公司（以下简称 KKR 公司），打败公司管理者，收购当时在全美排名第 19 的工业公司雷诺兹—纳贝斯克的全过程。

这本书从出版到今天已经畅销了三十多年，依然还是并购领域的经典书籍。这本书的流行，也让这个并购案成为世界上最出名的并购案。

一、目标公司的背景情况

前面的第 3 节中我们提过，容易引发“恶意并购”的公司，是那些股权高度分散，价格被严重低估的公司。以这个标准来看这个案例中的主角雷诺兹—纳贝斯克公司，它简直就是量身定做的完美标的。

（一）股权高度分散，公司由内部人控制

这起并购案虽然过程很激烈，但是这个过程中基本听不到股东会的声音，最终的决策都是董事会做出的，股东好像没什么存在感，原因就是目标公司雷诺兹—纳贝斯克是一家股权高度分散的上市公司。

雷诺兹—纳贝斯克公司，由雷诺兹公司和纳贝斯克公司合并整合而来。雷诺兹公司以前的主业是卖烟草，著名的骆驼牌香烟就是它的产品。纳贝斯克公司原来的主业是食品生产，你熟悉的奥利奥饼干，就是由纳贝斯克公司生产的。雷诺兹—纳贝斯克公司历史上还整合过很多其他的公司，到这个时候，公司的股权已经非常分散，

没有实质上的控股股东。公司的重大事项主要由董事会进行决策，而董事则基本看首席执行官罗斯·约翰逊的眼色行事。

你可能会觉得很奇怪，CEO 不是由董事会选聘吗？为何董事还要看 CEO 的眼色呢？从程序上看，CEO 确实是由董事会选举产生，但是 CEO 选出来以后，能够给董事提供什么样的“福利”，则由 CEO 说了算。而在雷诺兹—纳贝斯克公司，约翰逊作为 CEO 在服务董事这件事情上，可一点都不含糊，可以说非常大方。

比如，董事只要有需要，无论是公事还是私事，都可以随时调用公司的飞机，这些乘机的需求，由约翰逊亲自安排。为了真正获得董事的“欢心”，约翰逊还会给每个董事定制个性化的服务方案。比如，他给茱安妮塔 200 万美元让她在杜克大学捐了两个教授席位，其中一个就以她的名字来命名。公司又给杜克商学院捐了 200 万美元，学院就将一座新建成的教学楼的一侧命名为“霍里根会堂”，霍里根就是公司的另一位董事。类似这样“慷慨”的例子还有很多，当然，这个“慷慨”并不需要约翰逊自己出钱，全部由公司来买单，用公司的钱交自己的朋友，约翰逊在这一点上玩得是炉火纯青。

在这种情况下，只要 CEO 做的事情不违法，不会损害董事个人的声誉，董事会就愿意支持。所以，在雷诺兹—纳贝斯克公司，CEO 就是公司的主宰者，公司里面大小事务基本上由 CEO 说了算。缺少了有效的监督，约翰逊可以随意使用公司的资源，随意地处理公司的事务，这其中当然难以避免不合理的支出，以及为了满足个人利益而损害公司利益的事情。

（二）股价长期低迷，远低于实际价值

雷诺兹公司的主业是烟草，纳贝斯克公司的主业是食品，两家公司合并以后，约翰逊想要把这两个行业整合经营，但这是两个完全不相干的行业，整合的战略最终以失败告终。

更加雪上加霜的是，1987 年美国出现了金融危机，股票市场整体暴跌，雷诺兹—纳贝斯克公司也不能幸免。公司的股价从 70 美元跌到了 40 美元。这个股价与公司的经营业绩完全不相符。实际上，在股价下跌的期间，公司的销售业绩持续增长，利润也上涨了 50%，公司账上存着大量的现金。

公司的股价很低，但公司业绩很好，价值又很高。这就让雷诺兹—纳贝斯克公司成为一个标准的收购标的。当时华尔街所有的投资者都看得出来，这个时候买入雷诺兹—纳贝斯克公司，买到就是赚到。于是，各路投资者蜂拥而至，一场争夺战即将打响。

二、并购战争始末

故事的开头，是雷诺兹—纳贝斯克公司的 CEO 约翰逊，想要自己出钱把公司从股东手中买过来，也就是通常所说的管理层收购（MBO）。一方面，约翰逊想从打工人变成老板，真正实现对公司的完全控制；另一方面，对于公司值多少钱约翰逊是非常清楚的，以公

司现在的市场价格，买不了吃亏，买不了上当。为了迅速地完成交易，约翰逊向董事会提出以每股 75 美元的价格进行收购，这个价格比公司历史最高价还要高。约翰逊认为，这足以打动董事会，获得董事会认可，然后快速结束战斗。

但是，约翰逊忽略了一个问题，一件商品卖多少钱，不是取决于它以前卖过多少钱，而是取决于其他人愿意出多少钱。雷诺兹—纳贝斯克公司股价低于实际价值这个事情，约翰逊知道，华尔街的众多投资公司也知道，马上就有人给出了每股 90 美元的收购价，这个人就是这个故事的另一个主角——KKR 公司。

KKR 公司的看家本领就是杠杆收购，一开始的时候还比较低调，开展收购前都会努力与标的公司的管理者达成友好合作。随着业务越做越大，气魄和胆量也越来越大，哪怕管理者不配合，他们也觉得无所谓，只要价格给得高，不愁买卖不成交。

当然，能和平解决的问题，就没有必要动武，这是每一个投资者都明白的道理。一开始，KKR 公司还是希望能够与约翰逊进行合作，双方确实也有很好的合作基础。对约翰逊来说，收购这么大一家公司，所需要的资金远超过他的个人能力，而 KKR 公司正好不缺钱。对于 KKR 公司来说，要想确定收购的价格，需要对雷诺兹—纳贝斯克公司进行深入调研，但是如果没有管理者的配合，这个事情几乎不可能完成。

但是，谈判的过程并不顺利，约翰逊和 KKR 公司的合伙人克拉维斯都想要获得雷诺兹—纳贝斯克公司的最终控制权，而且两个人性格完全不同，有点互相瞧不上。更严重的矛盾是，KKR 公司的克拉维斯坚持要和“垃圾债券大王”米尔肯团队合作，而约翰逊的合作者所罗门兄弟却坚持不与米尔肯团队合作。所罗门兄弟秉承“敌人的朋友就是我的敌人”的原则，擅自通过媒体，说约翰逊团队准备报价每股 92 美元和 KKR 公司进行竞争。这个举动彻底激怒了 KKR 公司，认为约翰逊团队不讲信用，明明那边还在进行合作谈判，这边却直接宣称要展开竞争。

最终双方进入了正式竞标，然后就是见证奇迹的时刻，KKR 公司给出的价格是每股 94 美元，比之前透露出的价格还要高一些，而约翰逊则直接给出了每股 100 美元的高价，眼看着约翰逊就要取得胜利了。没想到，半路杀出个程咬金，第一波士顿银行给出了每股 105~118 美元的报价，之所以给出的报价是一个区间，是因为一些政策优惠还有待进行确认。

这里还要补充一个小插曲，因为这个收购案所涉及的标的额巨大，KKR 公司又和约翰逊来往交战，这个事件早就成了媒体报道的焦点，雷诺兹—纳贝斯克公司内部管理混乱、董事和高管的奢侈消费也被媒体爆料出来。董事会成员在巨大的公众压力下，早就与约翰逊划清了界限，所以，他们不可能忽略比约翰逊更高的报价。于是董事会宣布，等第一波士顿银行把价格算清楚，再来一轮竞标。

正当约翰逊紧张备战的时候，第一波士顿银行却因为政策优惠马上到期，退出竞标。约翰逊以为这回拿下公司十拿九稳了。他不知道的是，KKR 公司那边又有了新转机。KKR 公司之所以在第一次竞标中给出每股 94 美元的买价，是因为尽职调查得不到公司管理者的支持，他们其实并不确定公司到底值多少钱。而在第一次竞标后，由于对约翰逊个人和收购方案的不满，雷诺兹—纳贝斯克公司的一名高管格林纳斯向 KKR 公司提供了 KKR 公司想要了解的各项数据，KKR 公司随即把对雷诺兹—纳贝斯克公司的估值每股提高了 10 美元左右。在第二次竞标中，约翰逊象征性地把价格提高了 1 美元，为每股 101 美元，而 KKR 公司则给出了每股 106 美元的高价。后来，因为约翰逊又要提高报价，最终 KKR 公司以每股 109 美元完成收购，交易总价达到了 310 亿美元，这个项目成为价格最高的收购项目，一直到 17 年后这个记录才被打破。

三、启发和思考

关于这场并购案，过程中很多的细节，包括各个机构、当事人之间利益的争夺、对抗和妥协，都值得我们去学习和研究，强烈建议你去看一看原书，或者去看一下同名的电影，相信你会有自己的判断。在这里，笔者想分享一下自己的三点感想。

第一，在本书中，提到“恶意并购”这个词的时候，都加了引号，从公司治理的角度看，外部的并购者对于监督内部管理者有一定的积极作用。在这个案例中，如果没有 KKR 公司等外部投资者的参与，雷诺兹—纳贝斯克公司内部各种管理问题不会被公众知悉，也很难得到根本的改善。

第二，在设计公司治理架构的时候，会涉及每个机构的职责和权力，但具体的规则都是由人来执行的。无论是股东、董事还是高管，都会有自己的性格和偏好。要想让公司治理体系能够良好运转，需要对人性有深入的了解。

第三，公司治理的核心是做好利益的协调，只有利益平衡，才能实现共生。在这个例子中，约翰逊和 KKR 公司本来可以通过合作来解决问题，但是双方打到后来已经颇有点“不蒸馒头争口气”的味道，最终约翰逊战败离场，而 KKR 公司虽然赢了，但代价过高，接管后依然面临着艰巨的任务。可以说，这个案子争到最后，其实并没有赢家。

后　记

我以前常觉得，一本书的后记应该是写得最轻松愉快的部分，毕竟到了这个时候，前面的章节都已经完成，浩大的工程终于来到了最后一步，完工的曙光就在眼前。

但我自己写到这里，却感觉压力山大。因为写完这一篇，稿子就要交给出版社了，除非有一些明显的错误，文稿就不再进行大的修改了。在不远的将来，这本书就真的会出版，会被很多人（好吧，可能是几个人）看到。可是，我写的这些东西是对的吗？会对看到它的人有帮助吗？如果我写错了怎么办？如果读者不喜欢怎么办？

我本来以为这种怀疑的情绪是一个新手写作者才有的状态，直到我看到凯恩斯在《论概率》这本书中写的一段话，他说："写这样一本书，若想说清观点，作者有时必须装得成竹在胸一点。想让自己的论述站得稳，便不能甫一下笔就顾虑重重。论述这些问题实非易事，我有时轻描淡写，斩钉截铁，但其实心中始终有所疑虑，也许读者能够体谅。”原来像凯恩斯这样的大家，在写作的过程中，依然有类似的情绪。起码在写作时的心理状态上，我和凯恩斯达到了一个水平。

这本书能够完成，得益于很多人的帮助，借此机会表示感谢。感谢单位的领导和同事对我工作的指导和支持，感谢秋叶大叔团队帮忙修改大纲、联系出版社，感谢法律出版社的张岩老师提携，帮忙修改编辑。特别感谢我的家人，有她们的支持，我才可能有时间和精力去做成这件事情。

这本书是我学习公司治理四年以来的一个总结，我当然希望它能够对你有用，但公司治理是一门复杂的学问，远不是短短几年的学习能够掌握的。如果把整个公司治理学科看作万里长征，我现在走出了五六米远，距离终点还差九万九千九百九十多米。但是，毕竟已走在路上，方向与目标已定，接下来一步步往前走就好。

公司治理是一门需要结合实践来学习的知识，但每个人的工作经历总是有限的，为了解决实践经验缺乏的问题，接下来，我准备从现实中发生的那些实实在在的公司治理纠纷案例出发，选择经典案例进行拆分研究，来加深对公司治理的理解。

如果你有兴趣，欢迎关注我的微信公众号，我们一起前进。